Bauwelt Fundamente 93

Herausgegeben von
Ulrich Conrads und Peter Neitzke

Beirat:
Gerd Albers
Hansmartin Bruckmann
Lucius Burckhardt
Gerhard Fehl
Herbert Hübner
Julius Posener
Thomas Sieverts

Nachdenken über Städtebau

Stadtbaupolitik, Baukultur, Architekturkritik

Herausgegeben von
Klaus Novy und Felix Zwoch

Erste Umschlagseite: Charles Nègre, Vierte Umschlagseite: Cahiers de CCI
Abbildungsnachweis: Landesbildstelle Berlin (10), Nils-Ole Lund (30),
Giovanni Chiaramonte (42), André Kertész (54), Bibliothèque Historique de Paris (74),
Senator für Bau- und Wohnungswesen, Berlin (88), Aldo Rossi (104),
Dominique Issermann (116), J. R. Eyerman (130)

Die Deutsche Bibliothek – CIP-Einheitsaufnahme
Nachdenken über Städtebau : Stadtbaupolitik, Baukultur,
Architekturkritik / hrsg. von Klaus Novy und Felix Zwoch. –
Braunschweig ; Wiesbaden : Vieweg, 1991
(Bauwelt-Fundamente ; 93)
ISBN 3-528-08793-5
NE: Novy, Klaus [Hrsg.]; GT

Alle Rechte vorbehalten
© Friedr. Vieweg & Sohn Verlagsgesellschaft mbH, Braunschweig / Wiesbaden, 1991
Der Verlag Vieweg ist ein Unternehmen der Verlagsgruppe Bertelsmann International.
Umschlagentwurf: Helmut Lortz
Satz, Druck und buchbinderische Verarbeitung: Möller Druck und Verlag GmbH, Berlin
Printed in Germany

ISBN 3-528-08793-5

Inhalt

Felix Zwoch
Einführung 7

Dieter Hoffmann-Axthelm
Bausteine zur Rekonstruktion der Großstadt 11

Stephan Reiß-Schmidt und Felix Zwoch
Städtebau jetzt!Von der Verantwortung für die Schönheit der Stadt 31

Klaus Novy
Lange Wellen und die Konjunktur der großen Themen
Dargestellt am Beispiel der Städtebauleitbilder 43

Wolfgang Welsch
Wie modern war die moderne Architektur? 55

Gerrit Confurius
Die wilden Jahre 75

Heidede Becker
Wettbewerbe zum Wohnungsbau
Weichenstellungen für mehr Planungs- und Wohnkultur 89

Peter Rumpf
Reparatur und Rekonstruktion der Stadt
Zehn Jahre IBA Berlin 105

Klaus Selle
Planung als Vermittlung
Anmerkungen zum Vordringen intermediärer Akteure 117

Dietmar Steiner
Architekturtransport
Die Architektur als Veranstaltung 131

Felix Zwoch
Einführung

„Denken ist etwas, das auf Schwierigkeiten folgt und dem Handeln vorausgeht", schreibt Bert Brecht, und wir beziehen das, was er so klug und allgemeingültig formuliert, auf ein Gebiet, in dem die Schwierigkeiten immens und die Gedanken vage sind: den Städtebau. *Nachdenken über Städtebau* ist auch ein Denken zurück, ein Resümee dessen, was die achtziger Jahre in dieser besonderen Disziplin zu denken, zu fordern, zu wünschen gewagt haben. Die achtziger Jahre waren keine Jahre der Auseinandersetzung um Lebensformen, des Streits um Ideologien, der Manifeste, der heftigen Stimmen im Städtebau, sie waren eher friedlich, beinahe farblos, wenn man das Für und Wider um die Postmoderne, in dem es ja nur um Form, nicht um Lebensform ging, außer acht läßt, sie waren eher nachdenklich als vorausdenkend.
Das vorauszudenken, was am 9. November 1989 geschah und was danach zu erwarten ist, war und ist nicht möglich. Nun ist alles anders, die Schwierigkeiten sind da, die Zeit drängt.
Man wird, in Berlin besonders, in Deutschland, in Osteuropa jetzt schnell und viel bauen wollen und es auch tun. Eine verführerische Situation, für Politiker, für Investoren, für die Architekten. Die Stadt – in manchen der Aufsätze als Person beschrieben, ja geradezu beschworen – hat, wenn sich nicht einer, wenn sich nicht viele zu Ihrem Anwalt machen, keine wirkliche Stimme.
Demokratie als Bauherr ist, was geschieht. Niemand will es anders. Aber sie hat, noch immer, keine Form für das Handeln gefunden, keine Abgrenzung zwischen allgemeiner und fachlicher Kompetenz, sie lebt von Verführungen mehr als von Visionen, sie erzeugt und baut den Kompromiß der Kompromisse, eingefärbt in die Moden vom Tage.
Es gibt keine wirklichen städtebaulichen Vorbilder für das, was geschehen muß im Westen und im Osten Europas. Man liebt die Stadtbilder des 18. Jahrhunderts, die der Residenzstädte, man bewahrt die des 19. Jahrhunderts, Straße und Block, selbst jene des Mittelalters, die Stadtbilder des kleinen Handwerks, beschwört man. Doch das langsam Entstandene

kann nicht zum Vorbild werden für das nun allzu schnell zu Erzeugende. Das Anknüpfen an die Moderne – oder ihre konsequente Verurteilung – bringen nichts voran.

In den städtebaulichen Produktionen der Nachkriegszeit findet man sich in einer Welt der verlorenen Maßstäbe. Die Vorstädte gelten als Wüste. Nie mehr Vorstädte! sagt man sich. Zu Recht. Denn die achtziger Jahre waren das Jahrzehnt der Vorstädte. Nicht in München, Hamburg oder Düsseldorf wurde gebaut, was das Wirtschaftswachstum möglich und notwendig machte, sondern in und um Hallbergmoos, Norderstedt oder Mettmann. Hier sind die Straßen entstanden, die nirgends hinführen, und die kleinen Häuser unter allzu schweren Giebeln. Dazwischen Zäune, Parkplätze, Einkaufszentren, Blech und Schutt. Darüber die Landschaft der Fernsehantennen.

Bauen können wir heute nahezu alles, wir können stählern in die Höhe bauen, uns unter grünen Dächern vergraben, wir können postmodern bauen oder dekonstruktiv, aufwendig inszeniert oder unentrinnbar praktisch. Wir können „Stadtlandschaften" anlegen, Achsen, Raster, Hochhausstädte oder durchgrünte Nachbarschaften. Für alles finden sich Argumente, für alles gibt es finanzielle und technische Mittel.

Wie aber auswählen, wenn Not und Notwendigkeit nicht als Regel hinzukommen, wenn zum Wachsen keine Zeit ist und das wirkungsvollste Steuerungsinstrument der Stadtpolitik das Geld ist? Dazu noch mischen sich in das Nachdenken über Städtebau bizarre Formeln und Formen ein: Collage City, die Leere als Monument, die Oberfläche als Manifest, Stadtarchipel, Stadtfragment, Chaos... Schrille, farbige Stadtgestalten entstehen auf Papier, werden publiziert, illustrieren nichts als sich selbst, ignorieren, was Stadt am notwendigsten braucht: Organisation.

Darf man da noch ernsthaft über ein Regelwerk zu Stadtorganisation und Stadtgestalt nachdenken, über „Bausteine" zur Rekonstruktion der Großstadt, die Lücken schließen im Maßstab der Stadt? Darf man bieder an Traufhöhen erinnern? Darf man überhaupt noch von der Schönheit

der großen Stadt sprechen, während sie auf den nur schönen Blättern verbraucht wird? Lohnt sich inmitten von Marktgeschrei und „Star-System" in der Architektur das Nachdenken über Städtebau überhaupt?
Die Beiträge im Buch halten fest, was ist. Die, die hier schreiben, sprechen aus unterschiedlichen beruflichen Verantwortungen. Was sie verbindet, ist ihre Zugehörigkeit zur Nachkriegsgeneration und zur *Stadtbauwelt*, für die sie als Autoren, Redakteure, Herausgeber während der achtziger Jahre tätig waren. Dieser Aufsatzband resümiert die Gedanken zum Städtebau der achtziger Jahre und schließt sie ab. Ob der nächste Band der Bauwelt-Fundamente zum Thema Städtebau Aufbruch oder Wiederkehr beschreiben wird, bleibt offen.

Die Namen der beiden Herausgeber hätten an dieser Stelle folgen sollen. Das ist nicht mehr möglich. Klaus Novy, der langjährige Freund und Mitstreiter ist am 29. August 1991 gestorben. Klaus Novy litt an Leukämie. Er war in den letzten Monaten nicht mehr in Deutschland, er hatte sich in Amerika einer Knochenmarkstransplantation unterzogen. Ich hatte mir vorgenommen, ihm das gemeinsame Buch bei seiner Rückkehr fertig in die Hand zu legen.
Die Arbeit von Klaus Novy galt der gemeinwirtschaftlichen Lebensform. Er glaubte an das, was er tat. Und es gab bei ihm keine Diskrepanz zwischen dem, was der tat und dem, was er lehrte. Eine Studentin von der TU Berlin, wo er seit fünf Jahren als Professor für Bauökonomie unterrichtete, sagte von ihm: „Er war derjenige, dem wir von Anfang an vertraut haben."

Dieter Hoffmann-Axthelm

Bausteine zur Rekonstruktion der Großstadt

Das nachstehende Kapitel Städtebautheorie ist, aus Gründen der politischen Aktualität, einmal mehr an Berlin, dem nunmehr ungeteilten realen Stadtvakuum und Zukunftsbauplatz, orientiert. Die methodischen Überlegungen, die hier vorgetragen werden, sind aber durch unterschiedliche Berliner Situationen und die Arbeit auch in und an anderen Städten hindurchgegangen. Zugleich hätten sie nicht ohne die Zuspitzungen der unerwarteten Wiedervereinigung der Stadt diesen besonderen Weg genommen, erst recht nicht ohne die vielen Diskussionen in der kleinen Gruppe vorurteilsloser Stadtfreunde, die sich entlang der Formulierung einer „Charta für die Mitte Berlins"[1] ergaben.

Wachstum

Wer zu den Wachstums- und Veränderungsgewohnheiten eines Stadtgebildes noch einen Rest von Vertrauen hat, wird davon ausgehen, daß Entscheidungen im Zentrum nicht auf das Zentrum beschränkt bleiben, sondern die Peripherie mitbestimmen. Was Peripherie ist, wird im Zentrum entschieden. In Berlin geht es zum einen darum, wie Zentrum definiert wird, welcher Grad an Durchmischung und Dichte erreicht wird. Was erreicht wird, wird dann die Peripherien unweigerlich neu definieren. In Berlin geht es zum andern aber auch darum, allererst wieder die Ebene von Zentralität zu erreichen – die heutige Stadt besteht nur aus Peripherien, denen das Zentrum, ja sogar die Vorstellung davon, abhanden kam. So sind alle Berliner Maßstäbe auf eine groteske Weise verrückt. Wer andere Großstädte von innen kennt, findet sich in Berlin in einer verkehrten Welt. Die vorhandenen Maßstäbe sind verrückt, weil sie die einer freiwillig verordneten Peripherie sind. Der Provinzialismus der Peripherie kann mit Zentralität nicht umgehen. Das einzige, was ihm einfällt, ist das, was auffiel, als man kurz in Frankfurt oder New York war: Hochhäuser und Dienstleistung. Was die übrigen wollen, ist die bloße Umkehrung: so viel wie möglich grün, so wenig wie möglich Stadt, und das noch zum Null-Tarif. Die Stadt muß überhaupt erst wieder lernen, sich von innen nach außen zu entwickeln. Solange das Zentrum ein staatlich verwaltetes Vakuum war, oder gar nicht verfügbar, weil auf der anderen Seite des eisernen Vorhangs gelegen, gab es dazu nicht die Möglichkeit. Entsprechend verschanzten sich Bewohner, Planer, Nutzungen in den noch erhaltenen Stadtbereichen, den Peripherien des 19. Jahrhunderts. Die beiden Stadtverwaltungen versuchten, auch sie zu demolieren, um zu einer einheitlichen modernen Stadt aus nur noch Peripherie zu kommen. Das ist definitiv mißlungen. Jetzt geht es darum, für eine Rezentrierung der Stadt die Voraussetzungen nicht zu verpassen. Der Umgang mit der Leipziger Straße, dem Potsdamer Platz zeigt, daß das Verpassen schon im Gange ist. Mit der Thematisierung einer Wachstumsrichtung wird auf eine lebendigere Ebene vertraut als die der Entwicklungsmodelle und der Wachstumsszenarien. Daß es in Berlin Wachstum geben wird, ist vorauszusehen, fraglich ist nur, welches. Vermutlich wird es auch längerfristig kaum ein kapitalintensives Dienstleistungswachstum, sondern vor allem, angesichts der Lage an der osteuropäischen Grenze, ein Armutswachstum sein. Geht man davon aus, ist es nicht sehr sinnvoll, aus dem Bevölkerungswachstum geradewegs ein heutigen Westberliner Verhältnissen entsprechendes Flächenwachstum der Stadt zu folgern. Die Frage, wie man neue Bevölkerungsströme auffangen will, wird von den Zuwanderern mitbeantwortet werden. Das Umrechnen des Zuwachses an Köpfen in Wohnungen und Häuser geht vom Status quo und von gleichartigen und gleichbleibenden Bedürfnissen aus, wobei schon heute klar ist, daß das ökonomisch nicht durchgehalten werden kann. Es gilt also, sich erst einmal über Formen intensiven Wachstums zu verständigen. Schon aus diesem Grunde verbieten sich die meisten eiligen Antizipationen von Druck aufs Umland. Berlin ist weder Frankfurt noch München.

Mitte

Die städtebaulichen Verwüstungen sind in Berlin kein Privileg der Ostberliner Hälfte. Innerstädtischer Siedlungsbau, Schnellstraßenbau, Begrünung und irrelevante Bodenpreise haben auch in Westberlin jede Menge zentraler Stadtöden geschaffen (z.B. Lützowplatz oder Blücherplatz). In beiden Stadthälften stehen ganze Wiederaufbauviertel zur Verdichtung, teils (aus Materialgründen) zur Neubebauung an. Aber wie will man das Neue organisieren? Diese Frage spitzt sich zu, wenn man an die Zentren der größeren DDR-Städte denkt. Das Problem ist in der Mollstraße im Berliner Bezirk Mitte das gleiche wie in der Dresdener Altstadt, in Prenzlau oder in Frankfurt an der Oder. Daß man hier etwas tun muß, ist klar. Wem soll man zumuten, freiwillig in Frankfurt an der Oder zu wohnen, in einer Stadt, deren Zentrum bebaut, aber so tot wie Marzahn und Hellersdorf ist?

Die drei Modelle, die der Westen im Angebot hat: Stadterneuerung, Denkmalpflege und Entwurfsarchitektur, leisten das Entscheidende ja gar nicht. Stadterneuerung ist da erfolgreich, wo die Stadt noch da ist. Denkmalpflege vergrößert nur den Abstand zwischen den zwei perfekt wiederhergestellten gotischen Kirchen und der Trostlosigkeit alles übrigen. Der Architektenentwurf wiederum wäre zwar angebracht, aber erst dann, wenn er nicht die Hauptsache ersetzen muß, sondern sich auf das beschränken kann, was Architektur wirklich zu leisten vermag. Die Munterkeit, mit der Flächen und Investoren zusammengebracht werden, hat den Aberglauben zur Voraussetzung, es reiche aus, Architekten mit der Herstellung einer Form zu beauftragen. Diesen Aberglauben teilen Architekten und Stadtplanungsverwaltungen heute in der gleichen Überzeugtheit, mit der sie das Desaster angerichtet haben, das sie heute korrigieren wollen. Wer diese hastigen Entwurfsseminare veranstaltet, ist völlig gleichgültig. Das Schlimme ist die Illusion, damit die Stadtzentren wieder beleben zu können.

Am Architektenworkshop für Dresden, über den kürzlich berichtet wurde[2], fällt gerade die Diskrepanz auf zwischen der zugegebenermaßen entwickelten Fähigkeit, sich ein ganzes Stadtviertel als visuelle Szene vorstellen zu können, und der Leblosigkeit im Detail, dem gänzlichen Verzicht auf Anwachsen im stadtgeschichtlichen Schutt und, was dasselbe ist, in den historischen Stadterfahrungen der Bewohner, die im Wiederaufbau ausgeschlossen wurden. Hier wird, unter Überspringung der ganzen Sisyphusarbeit einer Neueinrichtung im zerschlagenen städtischen Geflecht, einfach ein schlechtes Bühnenbild korrigiert. Die neuen Massen stehen besser da, schließen einige Stadträume, haben bessere Fassaden, sind aber als Stadt so tot wie das, was dasteht: Es gibt auch nicht den Ansatz des Gedankens, daß eine Stadt nicht aus Wänden und Massen besteht, sondern aus den Gehäusen menschlicher Praxis: aus den individuellen Gelegenheiten zu arbeiten, zu wohnen, sich abzuschließen, sich gegen das Ganze zu organisieren und aus diesem Recht heraus sich wieder zu öffnen, zu expandieren, umzubauen usw. Hier wird einfach, über einen nach wie vor geleugneten Abgrund hinweg, am falschen Paradigma entlang nachgedacht. Das vorhandene Problem ist das der Abwesenheit städtischer Ordnung. Die Ordnung der Moderne erweist sich, so oder so, allemal als Willkür.

Der DDR-Städtebau hat ja nur mit allen Ideologemen der Moderne ernst gemacht: radikale Auflösung des Grundeigentums, radikale Vergesellschaftung der Bauplanung, radikale Industrialisierung des Bauvorgangs, radikale Typisierung der Wohnung, radikale Entindividualisierung der Ästhetik. Was herauskommt, ist eben dies: Willkür. Da kann man nicht die DDR wegstreichen und meinen, der Rest sei, mit etwas mehr westlichem architektonischen Subjektivismus, besser zu machen. In den westlichen Großsiedlungen drückt sich die Willkür ja auch längst unverhohlen aus, als Drogenproblem, Rechtsradikalismus, Vandalismus. Der Unterschied zwischen Mollstraße und Mehringplatz ist nur graduell.

Was hat man demgegenüber gewonnen, wenn man die Großform von einem renommierten Architekten entwerfen läßt? Man gewinnt sicher ein ästhetisches Angebot, das im Original der WBS 70 und ihrer Vorgänger fehlt. Aber wiederum ist die einzige zugelassene Individualität die des Investors, und auf ästhetischer Ebene eben die des Architekten. Die Nutzer gehen leer aus. Es entstehen denn auch keine Räume, die individuelle Aneignung erlauben, es herrscht wiederum Willkür. Das heißt nun gerade nicht, daß den Architekten mehr abzuverlangen wäre – eher weniger. Städtische Ordnung ist nicht ästhetischer, sondern praktischer, ökonomischer Natur. Sie ist ein Schema, das genaue Spielräume anbietet, die unverrückbar sind, im übrigen aber den Beteiligten überläßt, was sie innerhalb dieser Spielräume machen. Es ist auch ganz gleich, welche Techniken, welche Gebäudetypologien verwendet werden – die Welt ist voller Beispiele, daß es so und auch ganz anders geht –, solange Techniken und Typologien sich nicht an die Stelle der Spielräume und Regeln stellen. Letzteres ist in den Großkomplexen der Moderne, die auf der Aufhebung einschränkender sozialer und ökonomischer Fächer bestehen, eindeutig der Fall.

Solange wir uns in einer historischen Stadt befinden, und sei sie zerstört, sind wir auch nicht frei, uns diese Ordnung auszusuchen. Die Ordnung historischer Zentren ist die, unter der sie angetreten sind und in der sie zu wachsen gelernt haben. Jede Stadt geht damit auf ihre Weise um, hat ihre eigenen Typologien und Planungstraditionen, aber innerhalb eines Grundbegriffes städtischer Ordnung, der auf dem für alle Städte, seit Erfindung der Stadt, verbindlichen Verhältnis von Straße und Parzelle beruht. Die Moderne hat geglaubt, dem eine neue Ordnung entgegensetzen zu können. Den Beweis ist sie eindeutig schuldig geblieben. Das Stadtzentrum ist nicht aus ästhetischen Gründen das Zentrum. Es ist Zentrum, weil es die städtischen Funktionen bündelt und auf dem kleinsten Raume die größte Dichte des Verschiedenen und der dadurch möglichen Austauschprozesse erreicht. Eben diese Funktion ist es, die die großen Stadtpläne der Moderne ebenso verfehlten wie die Wiederaufbaupläne nach dem Krieg und die Sanierungskampagnen der sechziger Jahre. Das Berliner Stadtzentrum ist, neben Rotterdam, eines der wenigen Beispiele eines neu, unter Abstraktion von der vorhandenen Stadtgestalt und ihrer unterliegenden Ordnung, geschaffenen Stadtzentrums der Moderne.

Aber der Mißerfolg geht viel weiter, er betrifft auch den Heimatstil. „Neuschaffen in den Formen unserer Zeit", das war generell die Illusion der Wiederaufbauer. Wohin man blickt, war das Ergebnis, wo so vorgegangen wurde, das gleiche, ob Kassel oder Frankfurt/Oder, ob Düren oder Prenzlau: Das einstige Stadtzentrum wurde, baulich, sozial, von der Nutzung her, zu einer modernen Vorortsiedlung. Da dieses Gebilde aber an Zentrumsstelle stand, war es nicht einmal das, sondern ein demoralisierendes städtebauliches Gespenst. Diese Einsicht hatten bereits die DDR-Planer, und sie zogen daraus die in Westdeutschland bislang kaum denkbare Konsequenz, in die Siedlungsstruktur des Wiederaufbaus eine zweite Struktur hineinzubauen, die das Zentrum verdichten, verstädtern, erlebbar machen sollte. Wie das in Frankfurt an der Oder ebenso wie in Prenzlau mißlungen ist, ist lehrreich. Es liegt nicht am eingesetzten Mittel, dem putzigen Fertigteilromantizismus. Selbst damit könnte man leben. Es liegt daran, daß die Kategorie der städtischen Parzelle fehlt. Ohne sie gibt es keine städtische Straße, keine Funktionsfähigkeit kleinteiliger Strukturen. Ohne sie bleibt alles totes Bühnenbild. In der Tat leben jetzt erheblich mehr Leute in den Stadtzentren von Frankfurt oder Prenzlau, aber das jeweilige Zentrum ist so tot und hoffnungslos wie vorher, ja noch hoffnungsloser, weil schon wieder eine Veränderung verschenkt ist. Man wartet nun nur noch darauf, daß einmal so viel Geld da ist, daß ein westliches Architekturbüro eine dritte Schicht auflegt, die ästhetisch argumentierend das Elend noch einmal reproduziert.

Auch Berlin hat eine vergleichsweise leere Stadtmitte. Das einmontierte Historienprojekt Nikolaiviertel war zugleich der Taktgeber für Prenzlau und Frankfurt. Die Folgen potenzieren sich aber durch die sehr viel umfangreichere Stadtmasse, die an diesem Kern ansetzt. Die gesamte Stadtentwicklung, innerhalb wie außerhalb des Ringes, hängt davon ab, daß im

Stadtkern sichtbar historische Mitte, Stadtgestalt, sichtbare verdichtete Ordnung zurückgewonnen wird. Das strukturelle Gelingen in den übrigen Stadtgegenden ist auf die Überzeugtheit und die Zukunftshoffnungen der Bewohner angewiesen, mit der sie die Stadtentwicklung insgesamt mittragen. Ohne Überzeugtheit und Hoffnungen sind Zumutungen wie Einwanderung, Aushungerung durch die Westdeutschen, standardnivellierende Angleichung von Ost- und Westberlin, weiterlaufende politische Subalternität der Stadt und ökonomische Krise nicht zu ertragen, nicht zumutbar, politisch nicht durchzuhalten.
Das ist keine Geldfrage. Wer sich vornimmt, das Stadtzentrum mit kapitalschweren Investitionen aufzufüllen, muß die vorhandenen Flächen horten, bis er sie an den Richtigen loswird. Das ist die Politik, die wir zur Zeit haben. Diese Politik überschätzt die Möglichkeiten, die Stadt mit Großinvestitonen auf die Beine zu bringen, und unterschätzt die Normalität funktionierender Stadt. Solange man eine flexible Bausubstanz erstellt – also eine Parzelle für Parzelle mischungsfähige Gebäudestruktur –, ist es verändertem wirtschaftlichen Bedarf und Interesse ein Leichtes, sich in einer solchen Substanz neu zu organisieren.
Der Stadtkern ist nicht mit historischen Solitären, ein paar Baudenkmalen und den paar erhaltenen Geschäftshäusern zu bestreiten.Er ist aber auch nicht über Inszenierungen zu füllen, dazu ist allein schon die Fläche zu groß. Auf der Grundfläche des alten Berlin, heute bloß Fernsehturm und Nikolaiviertel, muß wieder normale Stadt entstehen, mit Wohn-, Geschäfts-, Kleinproduktionsfunktionen, mit Räumen für Privatheit, gewöhnliches Leben, nichtstaatlichen und außerökonomischen Eigensinn. Die Behälter dafür müssen vorgegeben werden, sie entstehen nicht spontan. Nur wenn das alles wieder möglich ist, wird die Stadtmitte wieder lebendig, kann sie Kraft und räumliche und historische Tiefe entfalten und der Gesamtstadt wieder etwas bedeuten.

Demokratie

Es geht hier um eine in der Moderne kaum beachtete, selten besetzte Stelle im Organisationsprozeß städtebaulicher Entwicklung. Die Selbstreproduktion städtischer Strukturen ist in der Geschichte der Urbanistik fast immer zu kurz gekommen.
Für die Urbanistik gibt es einen Fachmann, der über den Standard des Faches verfügt und aufgrund dessen er Planungen vorlegt. Diese Planun-

gen werden vom politischen Auftraggeber akzeptiert, abgeändert oder verworfen. Das Vertrauen auf die Fachkompetenz erlaubt es, die Frage, wie die Stadt weiterentwickelt werden soll, als fachspezifisch planbar zu betrachten, so wie die Kompetenz des Ingenieurs ausreicht, um sich der von ihm berechneten Tragfähigkeit einer Brücke anzuvertrauen.

Erst die südamerikanischen Favelas haben uns wieder darauf aufmerksam gemacht, daß es auch ohne Urbanistik geht, solange es verfügbaren Boden und kulturelle Organisationsmuster im Kopf gibt. Sie erwiesen die Naivität der Annahme, das städtebauliche Wissen und Entscheidenkönnen lasse sich im Handeln einiger Fach- und Amtspersonen zusammenfassen. Der Traum stammt denn auch aus dem Absolutismus, war damals aber gegen den Widerstand der Untertanen selten realisierbar. In der Moderne hat man es unter dem Druck immer komplexerer Verhältnisse so weit gebracht, aber es ist heute diese Komplexität selber, die das Modell obsolet macht. Seine unmittelbar praktische Folge ist es u.a., alles auf die überlasteten Entscheidungsträger zuzuspitzen und die konkurrierenden Interessen der privaten Nutzer dazu zu zwingen, sich über Lobbies, Parteipolitik, Bestechung usw. direkt an diese Entscheidungsträger zu halten. Die städtebauliche Exekutive ist ständig überlastet, und trotz riesiger Verwaltungskörper und lähmender Verfahrensfülle findet die Entlastung durch Verfahren nicht statt. Dieses Verwaltungssystem kann auch in Zukunft an den in Berlin anstehenden Quantitäten nur versagen.

Diese Unfähigkeit sticht nicht nur von Zeiten städtebaulicher Kompetenz ab, durch die Berlin in die Geschichte der modernen Urbanistik eingegangen ist, sondern mehr noch von einer Vorgeschichte, die die Selbstheroisierung der Urbanistik systematisch verdeckt hat. Das vorurbanistische Berlin des 19. Jahrhunderts, die angebliche Mietskasernenstadt, brachte es fertig, in wenigen Jahrzehnten eine Million Menschen in Neubauten unterzubringen und zugleich eine funktionsfähige Großstadt herzustellen, deren Qualität erst durch ihre gewollte Zerstörung wirklich deutlich geworden ist. Wovon diese Leistung abhing, welche Auspendelung von Baukultur, sozialen Verhältnissen, Bauherrenschaft und Finanzierung dahinter stand, das wurde von der damals als Kritik dieses Prozesses entstehenden Urbanistik geflissentlich übersehen: Sie wollte im Einklang mit dem Gang des wissenschaftlich-technischen Fortschritts selber die Regulierungsstelle besetzen. Sie hatte damit auch die Entwicklungstendenzen der Zeit hinter sich. Erst von heute aus wird erkennbar, daß man damals auf ein kompliziert zwischen Staatskontrolle und bürgerlichen Rechten ausgewogenes System der Stadtentwicklung verzich-

tete, das in seinen Strukturvorgaben vier Fünftel der künftig nötig werdenden urbanistischen Entscheidungsprozesse überflüssig machte. Parzelle und Mietshaus waren, mit anderen Worten, die konkrete Seite eines politischen und ökomischen Wachstumsprozesses der Industriestadt unter Bedingungen weitgehender bürgerlicher Selbstverwaltung. Je genauer man das durchschaut, desto weniger wird man die konkreten historischen Formen als Heilmittel heutiger Chaotik mißverstehen. Das Uhrwerk liberalisierten Stadtwachstums zerbrach an der anwachsenden gesellschaftlichen Komplexität: dem Auseinandertreten der Gesellschaft in monofunktionale Blöcke – City, Produktion, konkurrierende Wohnbevölkerungen –, der Technisierung des Verkehrs, der Verwissenschaftlichung der Planung, der wachsenden Kapitalkonzentration auf dem Grundstückmarkt, dem Ausscheiden der kleinen Bauherrenschaft. Es war ohnehin unter den realen Kräftebedingungen des wilhelmischen Etatismus und den entsprechenden ökonomischen und sozialen Verschiebungen nicht fortsetzbar, es ist heute nicht wiederholbar. So würde niemand eine Rückkehr zum Verfahren von, sagen wir, 1860 fordern. Der Nutzen ist heute der eines Denkmodells.
In diesem Denkmodell ist nur noch das enthalten, was unverzichtbar ist, obwohl es heute, nur scheinbar historisierend, rekonstruiert werden muß, weil die Kontinuität im Übermut der Moderne verloren ging: Unter den gründlich veränderten Verhältnissen der Finanzierung, der Bauproduktion, der politischen Steuerung, der sozialen Trägerschaft und der ökologischen und sozialen Verantwortlichkeiten neu zu denken, aber unaufgebbar sind in der Tat die Leitfiguren der bisherigen europäischen Stadtentwicklung überhaupt, Parzelle und Typologie, und die Formen sozialer Autonomie, die sie in der gesamten europäischen Stadtgeschichte beherbergten. Beide Seiten der Sache sind verwaltungskritisch, thematisieren die Rückübertragung von politischer und ökonomischer Verantwortung, einmal als Verwaltungsreform, zum anderen als Wiederherstellung städtebaulicher Handlungsräume für alle.
Die heutigen Verfahren leiden allzu offensichtlich unter einander entgegengesetzten Defiziten: Sie genügen weder nach der Seite der Investoren noch nach der der Bürgerbeteiligung. Von da aus gibt es mindestens zwei mögliche Lösungsrichtungen: eine ginge auf direkte, institutionalisierbare Übereinkünfte zwischen Investoren und lokaler Bevölkerung zu, sozusagen die angelsächsische Variante (die freilich auch den zivilen, aufgeklärten britischen Developer voraussetzt); die andere liefe darauf hinaus, daß die Verwaltung dezentrale Organe ausbildet, die sowohl Inve-

storen als auch Bewohner- und Nutzerinteressen innerhalb eines festen Zeitkorsetts ins Verfahren einbeziehen und entsprechend mit Entscheidungsbefugnis ausgestattet sind. Was mit Sicherheit fehlschlägt, ist die zur Zeit in Berlin beliebte Praxis, die Korrekturen am offensichtlich versagenden Verwaltungsmechanismus ausschließlich marktwirtschaftlich, nach der Investorenseite, vorzunehmen. Das bringt nicht nur eine entsprechende Kurzatmigkeit mit sich, sondern leistet nicht einmal das, was es soll, da es die Konflikte, die es im Verfahren ausschließt, bloß verschiebt, auf gerichtliche Einsprüche Betroffener oder auf die Straßengewalt.

In einem solchen Ablauf lokalisiert man zugleich den Sachverstand an einer falschen Stelle, an einer, wo er unnötig subaltern und finanziell interessiert reagiert. Das gilt für beide herrschenden Formen gleicherweise, die schnelle Expertise für die Verwaltung wie die mitgelieferte Erfahrung der Developer. Viel von dem, was als Public Private Partnership gelobt wird, ist Resignationsprodukt: Da die Verwaltungen nicht in der Lage sind, einen Rahmen anzubieten, tun das für sie die Privaten als Experten der ihnen nützlichen städtischen Strukturen, so daß sie, gegen entsprechende Vergünstigungen, einen Teil der Hausarbeiten der öffentlichen Verwaltung miterledigen. Das kann unmöglich als Normalzustand angesehen werden. Die Stadt muß vielmehr, bevor sie sich mit privaten Interessen einläßt, ihre Interessen formulieren und ihre Entwicklungsziele fixiert haben, und das nicht ad hoc, indem man, während man bereits verhandelt, zur Sicherheit von diesem oder jenem Büro Schnellexpertisen erarbeiten läßt.

Da man angelsächsische Lösungen realistischerweise ausschließen muß, bleibt als Bewegungsrichtung, um aus der Überanstrengung der staatlichen Baulenkung ausbrechen, nur die Richtung auf dezentrale gemischte Entscheidungsorgane. Diese sind erfahrungsgemäß nur innerhalb eines vorhandenen städtebaulichen Grundkonsenses arbeitsfähig, den sie weder zu schaffen brauchen noch ständig in Frage stellen dürfen, innerhalb dessen vielmehr die nötigen Entscheidungen gefunden werden müssen. Das eben sind Spielregeln.

Parzelle

Die Wiederherstellung städtischer Ordnungen liegt in der Kompetenz und auch Absicht weder der Architektur noch der Stadtplanung. Hier entsteht also ein neues Arbeitsfeld. Man kann es, so verkürzend wie pragmatisch zusammenfassend, die Kunst der Reparzellierung nennen. Auch wenn sich Planern und Architekten die Haare sträuben sollten – ohne diese Vermittlungsaufgabe schwebt das, was sie machen, im Leeren. Es handelt sich nicht einfach darum, wieder kleine Kästchen in die großen Flächen zu zeichnen. Einerseits gilt es, in der parzellär gewachsenen Innenstadt den historischen Parzellenbestand wiederherzustellen. Er ist ein historisches Dokument und gibt für jeden Wiederaufbau historischer Stadtbereiche den Maßstab her. Wo, wie in zahlreichen Ostberliner Stadtgebieten, Eigentumsansprüche vorliegen, ist dieser Vorgang sogar rechtlich geboten. Zum andern gilt es, wo die Wiederherstellung oder die Respektierung noch vorhandener Parzellierung nicht möglich ist, zu ergänzen. Auch hier handelt es sich nicht um eine subalterne Aufgabe, etwa die, historische Parzellierungen nachzumachen. Die Parzellierung ist kein Akt auf dem Zeichenblatt, sondern hat ihre Realität *in situ*, wo sie reale Eigentumsbeschreibungen leistet, Verantwortlichkeiten und Rechte formuliert und Bauprozesse freigibt. In dieser Eigenschaft ist sie in erster Linie die Kunst, in stagnierende Verhältnisse Bewegung zu bringen, die Starrheit verrechtlichter Machtbeziehungen und eingefahrener Fronten aufzubrechen. Das Verkümmern der Stadtplanung zu Bestandssicherung über Flächenfestlegungen sperrt die Stadt gegenüber den Anforderungen sozialen Wandels, veränderter Lebensformen und technischer Modernisierung. Die Verteidigung der sozialen Errungenschaften wird aber um den Preis des Veränderungsverbots nicht lange durchhaltbar sein. Das ganze Problem muß vielmehr auf eine andere Ebene gebracht werden. Versteht man Parzellierung als Technik der Verdichtung, so hat sie die Grundaufgabe, soziale Besitzstände und nötige Veränderungen auf der Parzelle zu vermitteln, unter Anbietung der hierzu nötigen technischen und planerischen Instrumente.

Die Einräumung von Parzellen ist zugleich ein Bündnisangebot. Es ist geeignet, Kräfte und Mittel von Einzelpersonen an die Rekonstruktion der Stadt heranzubringen, die dieser Aufgabe sonst fernblieben und sich anderswo verausgabten. Angesichts des öffentlichen Mangels und des notorischen Kapitalmangels der privaten Bauwirtschaft ist das ein sehr viel erfolgversprechenderer Weg als das Anlocken von Großverdienern durch Steuervergünstigungen. Die Einräumung der Parzelle ist schließlich ein Instrument selbstbestimmter Stadtentwicklung, in der Art, wie sie Entscheidungsprozesse lokal greifbar macht. Jede Parzellierung impliziert eine ad hoc diskutierbare und mit Auflagen belastbare Stadtnorm: zugehörige Typologien, mithin den Nachweis der Fähigkeit zur Funktionsmischung, und den Nachweis der ökologischen Verträglichkeit der Bebauung.[3]

Drei obligatorische Anwendungen

Wohin mit den Migranten?

Nichts beweist deutlicher die Notwendigkeit, die städtischen Probleme bereits im Zentrum zu lösen, als das Auftreten der Einwanderer. Sie kamen früher als erwartet, und sie werden weiter kommen. Die brutale Wirklichkeit ist heute aber die, daß die Fertigteilviertel, die nach wie vor weitergebaut werden, zum Wohnort dieser Einwanderer werden. Damit paßt man sie von vornherein in Wohnverhältnisse ein, in denen sie noch zusätzlich zu den Statusfragen (Aufenthaltserlaubnis, Arbeitserlaubnis) entmündigt und hilflos gemacht werden. Gebäudestruktur wie Anlage des Wohnbereichs schließen Selbsthilfe weitgehend aus. Die Findigen werden sehr schnell in die traditionellen Viertel ausweichen, die übrigen haben die Aussicht, eine Art Flüchtlingslagergesellschaft zu werden, ohne Aussicht auf Veränderung.
Die Zuwanderer haben eine reale Chance nur dann, wenn man sie nicht von vornherein ausschließt, also auch sie als Nutzer und Bewohner der Innenstadt in Betracht zieht. Daß das keine abwegige Forderung ist, zeigt der Stadtteil Kreuzberg, der nicht nur der Einwandererstadtteil Berlins Westberlins schlechthin war und ist, sondern sich gleichzeitig eine überdurchschnittliche Gewerbedichte und eine in Berlin einmalige Verzahnung von Wohnen und Gewerbe, von erster und zweiter Ökonomie bewahrt hat.
Die Folgerung ist einfach. Berlin wird das Einwandererproblem meistern, wenn es imstande ist, vergleichbare Stadtstrukturen in entsprechender Menge anzubieten. Für die Großsiedlungen heißt das, sofort mit der Grobmischung von Wohngebieten und Gewerberaumangeboten zu beginnen, in Erwartung späteren feinteiligen Umbaus. Für die übrige Stadt muß eben der Rigorismus, der bisher Wohnraum mit Parkplätzen koppelte, auf die Herstellung einer festen Relation von Wohnfläche und Gewerbefläche übertragen werden, so daß die Mischung bereits auf der Ebene der Förderungsbedingungen bzw. der geförderten Typologien Standard wird.

Ökologie

Stadtökologie ist ökologisch wirksame Umorganisierung der Stadtnutzung. Da hilft es wenig, die Stadt, so wie sie ist, gleichsam grün anzustreichen. Allein Veränderungen an der Wurzel, veränderte Nutzungen, bringen voran, weniger Verkehr, weniger Lärm, weniger Dreck und schmutzige Luft, weniger Zeitverschleiß, sparsamerer Umgang mit dem Boden, dem Grundwasser, den begrenzten Rohstoffen. Es gibt inzwischen ein ganzes Mosaik von möglichen Einzelmaßnahmen, die sich teils widersprechen, teils in ihrer Isolierung unwirksam bleiben. Was begriffen werden muß, ist der Ansatzpunkt. Der kann aber nur in der Nutzungsstruktur liegen, in veränderten Zuordnungen auf der Grundlage funktionaler Mischung.
Damit gewinnt man eine Grundeinheit des ökologischen Stadtumbaus, die Parzelle, und man gewinnt einen Träger, die lokal als Nutzer Verantwortlichen und Betroffenen. Nicht staatliche Verordnungen und Überwachungsinstrumente, sondern nur das Fruchtbarmachen der sozialen und baulichen Stadtstruktur selber werden eine ökologisch verträgliche Stadt hervorbringen. Der ökologische Druck ist bereits heute ein Kostendruck. Nur werden die Kosten umgeleitet, so daß die Nutzer nicht mit den Kosten ihrer Anforderungen an Stadtplanung, Stadttechnik, Wohnungstypen usw. konfrontiert werden. Persönliche Erfahrungs- und Einflußebene und politische Entscheidungs- und Verantwortungsebene klaffen da zu weit auseinander. Stadtökologie ist nicht möglich ohne Verdichtung. Einem stadtökologisch wirksamen Verdichtungsprogramm stehen aber drei systematische Barrieren entgegen, die man vorher abbauen muß:
1. der Widerstand der vorhandenen Nutzer (überwiegend Bewohner), die die Erhöhung der Nutzungsdichte als Beeinträchtigung ihrer Situation wahrnehmen;
2. baurechtliche Bestimmungen, die aus den Hygienevorstellungen des vorigen Jahrhunderts hervorgegangen sind und Sicherung von Lebensqualitäten nur über Abstandsbildung erlauben;
3. die Praxis großer Investoren, Verdichtung als private Strategie maximaler Ausnutzung zu betreiben und über Ausnahmegenehmigungen auch jederzeit durchzusetzen.
Die drei Barrieren verlangen jeweils besondere Antworten. Die benötigten Antworten werden aber nur formulierbar sein, wenn sie auf einer gemeinsamen Grundlage aufbauen, der einer verbindlichen Funktionsmi-

schung auf Parzellenebene. Solange man sich um diese Grundentscheidung herumdrückt, stützen sich die Barrieren wechselseitig. Sobald die Entscheidungsgrößen parzellär beschränkt sind und für jede Parzelle gleiche Vorbedingungen und Lasten gelten, sind Nutzerwünsche, Investoreninteressen und baurechtliche Sicherungen des Allgemeininteresses ohne Schaden verhandelbar und miteinander übereinzubringen.

Verkehr

Die Verselbständigung des Verkehrs zu einer in sich verhandelbaren städtischen Funktion ist von allen Torheiten der Urbanistik im Verwissenschaftlichungsprozeß der Stadtentwicklung die größte. Warum es dazu kam, ist völlig klar: Dieser Bereich der Stadt ist der für naturwissenschaftliche Methoden zugänglichste, man braucht bloß zu zählen, zu messen, und dann zu rechnen, ein Stück praktischer Flüssigkörperphysik, wie schon Baumeister erkannte. Weil alles so hervorragend zu berechnen ist, wird das zweite zum ersten: Die erste Frage, die dem Stadtplaner gestellt wird, ist die nach seinem Verkehrssystem. Was Verkehr ist, braucht nicht definiert zu werden, es ergibt sich aus der Anzahl der Fahrzeuge, Bewegungsrichtungen und Bewegungshäufigkeiten. Es bleibt nur die Aufgabe, den Stadtkörper diesen Flüssen und ruhenden Flächenbelegungen anzupassen.

Daß man so nicht weiter kommt, ist evident, das Verfahren führt zur Beseitigung der Stadt. Daraus sind nun allerdings nicht ständig neue Fall-zu-Fall-Kompromisse zu folgern, sondern eine generelle methodische Kehrtwende: Nicht der Verkehr entscheidet über die Stadt; solange er eine von einer Vielzahl kultureller, geographischer und ökonomischer Variablen abhängig ist, ist es die Stadtstruktur, die den Verkehr definiert. Stadtstruktur ist in diesem Sinne beides: funktionale Zuordnung und materielle Beschaffenheit der Wege. Beidemal muß die Stadtstruktur so bestimmt werden, daß Verkehr vermieden, nicht erzeugt wird. Das verlangt im Berliner Zentrum das Ineinandergreifen von funktionaler Mischung auf Parzellenebene und historischer Baustruktur. Wird dieses Programm abgearbeitet, dann ergibt sich daraus von ganz alleine das Verkehrssystem: eine neue Auspendelung von benötigtem Verkehr und möglicher Stadtbelastung.

Das verlangt allerdings einen Umbau der vorhandenen rechtlichen und verwaltungstechnischen Instrumente, einen Umbau auf lange Sicht. Das interessiert Politiker, die in Wahlrhythmen denken, gewöhnlich wenig. Aber jedes kurzfristige Wohnungsbau- oder Verkehrsprogramm wird ohne einen solchen Umbau scheitern. Man kann nicht mehr mit den Mitteln der sechziger Jahre die quantitativen Erfolge von damals erzielen - die Welt ist inzwischen eine andere. Nicht nur sind Straßenbau und Wohnungsbau nebeneinander nicht bezahlbar, sie stehen sich inzwischen buchstäblich im Wege und treiben, da ökologische Rücksichten schlechterdings nicht mehr aus der Welt zu schaffen sind, wechselseitig ihre Kosten hoch.

Städtebau

Der strukturelle Teil der Aufgabe darf nicht die andere Seite der Sache vergessen machen, die Anschaulichkeit der Stadt, das sinnlich Faßbare: Bild und Gestalt der Stadt. Das ist die Wiederholung der Zentrumsforderung auf ästhetischer Ebene - Ästhetik hier weniger als Ebene der Erscheinung verstanden, die heute Stadtdesign heißt, sondern, altmodisch, im Sinne ihrer Wahrnehmbarkeit durch die Masse der Benutzer. Stadtbild und Stadtstruktur verweisen aufeinander. Ohne daß es wieder zu einem anfaßbaren historischen Kern kommt, zum - wie anders sollte man sagen - Herzen der Stadt, wird keine strukturelle Argumentation überzeugen und gelingen. Ich nehme als Beispiel die Behandlung der Friedrichstadt. Das ist nicht das innerste Zentrum, die Lösungen liegen nahe, aber es sieht auch hier keineswegs so aus, als brächte die Politik die Kraft auf, sich auf die Gestaltansprüche dieses Stadtteils einzulassen. Stattdessen wird von einzelnen Neubauvorhaben und Verkehrsgutachten geredet. Daß das nicht ausreicht, um auch nur das kleinste Stück Stadt wieder ganz zu machen in diesem zerstörten Bereich, muß eigentlich jedem klar sein. Dabei besitzt die Friedrichstadt ein rationalistisches Grundrißschema, das sich eigentlich von alleine regenerieren könnte. Es ist in seinen älteren Teilen, zwischen Mauerstraße, Kochstraße, Oberwallstraße, obwohl erst am Ende des 17. Jahrhunderts entstanden, städtebaugeschichtlich gleichzeitig mit den Schemata der spanischen und italienischen Stadtgründungen der Zeit, den Kolonialstädten Nord- und Südamerikas, mit Mannheim. Solange der Raster respektiert wird, ist innerhalb der Ordnung alles möglich, die Zusammenfassung von kleineren Parzellen zu wenigen großen, die Wiederherstellung nach völliger Zerstörung, das Ausweichen nach oben und das andere in immer feinere, anarchischere Überbauungs-

und Nutzungsstrukturen, das Mitgehen mit der historischen Entwicklung der Ökonomie und Technik.
Die Friedrichstadt hat sehr früh allerdings eine Umdeutung erfahren, als ihr Friedrich Wilhelm I. einen repräsentativen barocken Achsenstern überstülpte. Die neue äußere Friedrichstadt von 1732 konditionierte das ältere Rasterviertel weitreichend dadurch, daß die Friedrichstraße über alle bisherige Absicht hinaus als Mittelachse aufgewertet wurde. Das blieb vergleichsweise unschädlich, solange sich die Entwicklung zum großstädtischen Citybereich innerhalb der vorhandenen Struktur vollzog. Erst die Verkehrsplanungen der zwanziger Jahre stellten mit ihren diversen Durchbruchszenarien und ersten tatsächlichen Durchbrüchen den Raster als Form prinzipiell zur Disposition. Das hat in der Nachkriegsplanung geradewegs zu den Verbiegungen geführt, die wir heute vorfinden: Ausbau der Leipziger Straße zur Stadtautobahn, Ausbau der Friedrichstraße als Dienstleistungszentrum. Die Straßenüberbauungen der steckengebliebenen Friedrichstraßenpassage („Kasachstaner Bahnhof") oder das städtebauliche Desaster der Kreuzung Friedrichstraße/Leipziger Straße sind nur die deutlichsten Folgerungen aus einer Betrachtungsweise, für die der barocke Raster mit seinen Blöcken und Querstraßen nur ein Residuum von Hinterhöfen ist, über die Zufahrten, Parken etc. geregelt werden, soweit man sie nicht zum nichtbefahrbaren Bühnenbild des Gendarmenmarktes schlägt.
Wenn man heute in einer Dimension plant, innerhalb derer das gesamte Gebiet innerhalb des Rings mit seinen 1,2 Millionen Bewohnern Innenstadt ist, dann kann man nicht anders, als das gesamte historische Zentrum innerhalb der Zollmauer von 1734 als geschlossenes Gebiet zu betrachten, das vom erwarteten Wachstumsdruck freizuhalten ist. In dieser Perspektive ist das, was die Friedrichstadt auszeichnet, nicht die Belastung der Achsen durch Nutzungen, die schon vor dem letzten Kriege auf andere Stadtbereiche übergingen und nur durch die Grenzsituation und die baulichen Konkurrenzen des Kalten Krieges wieder dort aufgetragen wurden. Vielmehr, was als Friedrichstadt, gegen die Dummheit der Achsen[4], wieder sichtbar und wirksam gemacht werden muß, ist der Raster. Dessen Muster, zusammen mit den in den Stadtgrundriß eingeschriebenen Veränderungen, der Mauerstraße, den Standorten der abgerissenen Rundkirchen, den Verzahnungen mit dem Achsensystem der äußeren Friedrichstadt, all das ist von so hoher bildlicher Bedeutung für die Kenntlichkeit der historischen Innenstadt, daß hier Kompromisse nicht zulässig sind. Weil nicht die geringste Überlegung in die Intensität der

Flächennutzung gesteckt wird, löst jeder einzelne Beteiligte, ob Verwaltung oder Investor, seine Probleme auf immer dieselbe Weise, durch Raubbau an der verbleibenden Ressource Stadtgestalt. Diesen Raubbau gilt es vom Ansatz her, also bereits in den Bedingungen jeglichen Genehmigungsverfahrens, zu unterbinden. Sonst können wir die historische Mitte endgültig vergessen, damit aber auch die Aufgabe des Strukturumbaus. Denn alle Beispiele geglückter struktureller Sättigung und Verdichtung von Städten gingen bislang mit geglückter Gestaltbildung überein. Das Gegenbild, die bloße Verdichtung und Massierung von Funktionen, ergibt nicht mehr Stadt, sondern deren Gegenbild, das Lager.
Die neuen Belastungen, denen Berlin entgegengeht, werden uns die bisherige Sorglosigkeit in der Zerstörung vorhandener Stadtstruktur nicht mehr erlauben. Wenn dies nicht eine Metropole der Depression und des Elends werden soll, müssen die Fehler der Vergangenheit beschleunigt aufgearbeitet, muß nicht nur endlich Struktur bewahrt, sondern auch in großem Maßstab neu gebildet werden. Große Teile des heute Vorhandenen, die Moderne der sechziger Jahre z.B., sind dabei bloße Etappe, die, wann möglich, wieder abgebrochen werden können, so, wie jetzt schon die mitten im Bau steckengebliebenen Betonkloben an der Friedrichstraße zum Abriß anstehen. Eine Stadt, die strukturell versagt, wird auch gestaltlos bleiben. Eine Stadt, die ihr Bild nicht wiederfindet, wird auch strukturell verelenden.

Neue Stadträume

Angesichts des Ausmaßes an Zerstörung ist ein Übergewicht der Vergangenheit, der historischen Formen, nicht zu befürchten. Die Befürchtung ginge aber auch an der methodischen Richtung des bisher Gesagten vorbei. Es geht nicht um historische Rekonstruktion, sondern allerst um die Grundlagen der Stadtentwicklung, darum, das, was man baut, strukturell so auszustatten, daß es für seinen Teil mithilft, Stadt zu regenerieren. Die ganze Berliner Kopf- und Atemlosigkeit besteht gerade darin, ständig das zweite vor dem ersten zu wollen und in eine bodenlose Situation immer gleich die fertigen Planungen hineinzusetzen, ohne die Vorarbeit geleistet zu haben, daß sie auch Stadt werden und sich mit vorhandener Stadt verflechten können.
Sind die Grundbedingen erst einmal gegeben – zur Zeit sind sie das in Berlin ganz und gar nicht –, dann kann man sich den einzelnen Orten zu-

wenden. Dann stehen auch die Stadträume zur Diskussion, die Ästhetik des Stadtumbaus, der Stadterweiterung, die Architektur der einzelnen Bauten. Erst auf dieser Ebene kann es sinnvoll sein, von Architektur zu reden, an sie Forderungen zu stellen. Es ist Architektenideologie, daß Architektur Stadträume zu schaffen imstande sei, und diese Architektur wird nicht dadurch wahrer, daß immer häufiger Verwaltungen oder Developer Architekten, die in konkreten Gebäuden denken, die Aufgaben der Strukturierung städtischer Flächen übertragen. Umgekehrt ist die Herstellung harter städtischer Strukturen in höchstem Maße ästhetisch relevant. Wenn man sich die zentrumsnahen Berliner Neubauten der letzten Jahre ansieht und nach den Gründen ihres Erfolgs oder ihres Versagens fragt, dann überzeugen unabhängig vom Architekturbekenntnis alle diejenigen Bauten, die sich mit historischen Raumkanten verbünden – z.B. Sawades Esplanade, Rossis Wohnhaus an der Thomas-Dehler-Straße –, und daß diejenigen versagen, die auf ihre autonome Formpotenz vertrauen, z.B. Ungers am Lützowplatz und in der Kohlfurter Straße. Angesichts einer Baupraxis, die permanent vor dem Schnellstraßenchaos und den Restflächen der sechziger Jahre kapituliert, ist das nicht unwichtig. In dem schlingernden Unraum, den das Übereinandergeraten von Bombardierung, Nachkriegsplanung und willkürlich in die Gegend gestellten Neubauten in den letzten 40 Jahren geschaffen haben, versackt jede Architektur, die nicht ein Bündnis mit der historischen Stadtform eingeht. Die Wiederherstellung historischer Baufluchten und Raumkanten ist also nötig, um überhaupt erst einmal feste Wände zu bekommen, von denen man sich abstoßen kann. In diesem Abstoßungsprozeß entsteht allererst ästhetische Kraft. Er setzt vorhandene Stadt voraus, nicht die Parthenogenese, von der zahllose Architekten träumen. So sind die beiden Architekturideologien, die sich zur Zeit die Bühne streitig machen, gleich bodenlos, wobei dem Verzicht, um einen Zusammenhang mit dem Vorhandenen zu kämpfen, ganz logisch die Überzeugtheit entspricht, selber zur Stiftung städtischer Strukturen imstande zu sein. Auf der einen Seite gibt es – Rossi, Ungers usw. – den Versuch, die Gebäudeform so in sich selber zu stabilisieren, daß sie in der Unordnung der Stadt sich über Wasser hält. Auf der anderen Seite geht es – Koolhaas, Coop Himmelblau u.a. – um eine Radikalisierung der Unordnung hin zu einem Abbruchpunkt, der als Katastrophenzeichen, als Kondensator des Stadtzerfalls, wieder Signifikanz erreicht. Beide Botschaften sind im wirklichen Stadtraum merkwürdig hilflos. Die Urformen der einen Fraktion, bleiben sie ohne Kontext, versinken in Redundanz, die Chaosbilder der anderen Fraktion gehen im

Rauschen unter. Erst wo sie sich an einer vorhandenen Normalität reiben können, entstehen Funken, herrscht Spannung. Diese vorhandene Normalität ist aber nicht gratis. Sie ist inzwischen, nach so viel Moderne, Wegwerfen, Beschleunigung und Verkabelung, die knappste städtische Ressource überhaupt. Städtischer Raum und ästhetische Spannung sind also gleicherweise Kooperationsprodukte, angewiesen auf vorhandene Struktur. Sie sind nicht im Alleingang herzustellen.
Wie die Lebendigkeit historischer Stadtviertel darin besteht, daß jede Parzelle anders besetzt ist, so ergeben sich heute, auf dem Hintergrund der Zerstörungen der Kriege und der Verkehrsflüsse der Moderne, die Raumästhetik begründenden Spannungen aus dem Gegeneinander und Übereinander von schematischen Ordnungsangeboten einerseits und einer Stadtwahrnehmung andererseits, die sich, auf der Spur der Zerstörungen wie der Funkverbindungen und elektronischen Verkabelungen quer durch alle sichtbare Struktur, daran gewöhnt hat, daß Chaos herrscht. Diese ästhetischen Spannungslagen entstehen teils spontan, durch achtlose Überlagerung, teils durch Architektur, und so achtlos, wie sie entstehen, brechen sie auch wieder zusammen. Die Masse solcher Reize macht die Attraktivität einer Stadt aus. Die Massenhaftigkeit läßt bewußte Inszenierung, architektonischen Eingriff in der Breite überhaupt nicht zu. Die Interferenzen müssen auf sehr viel alltäglicherer Ebene zustandekommen, oder eben nicht.
Berlin ist hier eindeutig in Zugzwang. Bisher rieb sich noch die hilfloseste Architektur an der Ordnungsfigur der Mauer. Die gibt es nun nicht mehr. Stattdessen durchziehen riesige Schneisen die Innenstadt, zu denen sich die Stadt differenziert verhalten muß. An jeder einzelnen Stelle ist hier die Frage gestellt, wie sich das anstoßende Stadtgeflecht mit seinen Ordnungsfiguren – Parzellen, Brandwänden, Straßenkanten, Blöcken – zum Katastrophenfall der offenen zentralen Stadtflächen verhält. Vom vollständigen Zuwachsenlassen bis zum methodischen Offenhalten ist, wenn es lokal begründbar ist und ästhetisch funktioniert, jede mögliche Variante städtebaulich legitim. Sie ist es, falls und soweit es ihr gelingt, das Stück schneidender Notwendigkeit, das bis vor kurzem die Mauer als wirkliche politische Grenze in diesen Gebieten aufrechterhielt, ästhetisch wiederherzustellen.
Das wird nicht ohne eine Planungskultur gelingen, die der zerrissenen Stadtstruktur ein Mitspracherecht einräumt. Architekturbüros aus aller Welt stehen gleichsam bereit, die leeren Berliner Stadträume mit ihren jeweiligen autonomen Erfindungen zuzuwerfen – als wären sie nur leer

und müßten sich nun mit Bedeutungen füllen, die man ihnen von außen zuschreibt. Das wäre nicht weniger willkürlich, als alles zu begrünen oder in Autobahn zu verwandeln, es würde auch nicht viel lebendiger. Worauf es ankommt, ist, die Stadt selber zum Protagonisten ihres Zusammenwachsens zu machen.

Das ist nur vermittelt ein Problem von Zeit und Architektur, von Kolloquien und Bürgerbefragungen, von Beiräten und senatorialen Entscheidungen. Es ist vor allem eine Frage der Regeln und Strukturen, die, in Vertretung von Stadt und Nutzern, die Willkür von Politikern und Investoren, von Planern und Architekten zurückführen können auf das, was ihre jeweilige Aufgabe ist. Gelingt das nicht, wären wir wieder so weit zurück wie vor zehn oder zwanzig Jahren: daß gegen die Arroganz der schnellen Macher nur auf das Chaos zu setzen ist, in dem die Stadt sich ungreifbar macht und selbst verteidigt.

Anmerkungen

Veränderte, stark gekürzte und durch den Schlußabschnitt ergänzte Fassung des in der Stadtbauwelt 109 (1991), abgedruckten Aufsatzes: Hinweise zur Entwicklung einer beschädigten Großstadt

1 Gruppe 9. Dezember, Charta für die Mitte Berlins, in: Stadtbauwelt 109, 1991
2 Stadtbauwelt 108 (1990), 2432ff.
3 Vgl. z.B. Rainer Graff, Maximilian Walters, Mischung ist mehr. Nutzungsmischung statt Nutzungsabsonderung, in: a. a. O. 2492 ff.
4 Auf die Achse Friedrichstadt fällt nicht zuletzt auch Norman Foster herein in seinem Entwurf für das Berlin-Projekt des DAM, Januar 1991

Stephan Reiß-Schmidt und Felix Zwoch

Städtebau jetzt!
Von der Verantwortung für die Schönheit der Stadt

Städtebauer und Planer haben verdrängt, worin ihre Aufgabe besteht: Anwälte der öffentlichen Dinge in der Stadt zu sein, ihre Verantwortung für das Gesamtkunstwerk Stadt wahrzunehmen und die kulturellen und sozialen Interessen der Allgemeinheit gegen die bloße Grundstücksverwertung zu verteidigen.

Niemals zuvor in der Geschichte haben so viele Planer mit soviel Akribie und wissenschaftlichem Anspruch an der Stadt herumgedoktert wie in den vergangenen vierzig Jahren. Nie zuvor jedoch sind unsere Städte so häßlich gewesen. In der Zwangsvorstellung, die Stadt in den Griff zu bekommen betreiben diese Planer bis heute eher die Abschaffung der Stadt: Sie soll um jeden Preis funktionieren, schön braucht sie nicht zu sein. Herausgekommen sind dabei suburbane Wüsten, zersiedelte Landschaften, Stadtruinen und sentimentale Kitschinseln. Sie sind nicht schön, und sie funktionieren nicht einmal.

Aber: Wir wollen uns nicht mit der egalitären „Häßlichkeit für alle" abfinden. Die Kultivierung des städtischen Raumes muß wieder zu einem öffentlichen Gut, zu einem unverzichtbaren Anspruch einer demokratischen Gesellschaft werden. Die Schönheit der Stadt und die Qualität des städtischen Raumes sind kein ästhetisches Problem. Im Kern handelt es sich um eine soziale Aufgabe.

Die Stadt als Beute

Anstelle von Städtebauern bemächtigen sich Interessenten mit ganz unterschiedlichen Motiven der Stadt: Investoren, denen es gleichgültig ist, an welchem Ort und mit welchem Produkt die Rendite erwirtschaftet wird; Kommunalpolitiker, die sich im Blick auf ihre Wiederwahl den vermeintlich mehrheitsfähigen Strömungen anpassen; neue, aus der alternativen Bewegung erwachsene Kleinbürger, die die Stadt als lebensfeindliche Wüste empfinden und durch lauter freundliche Biotope ersetzen möchten; Bürokraten, denen Rechtssicherheit und Kontrolle über alles geht und die nichts so sehr fürchten wie die Magie des Städtischen. Die Angst vor labilen Zuständen und unkalkulierbaren Entwicklungen ist ihnen gemeinsam. Unsicherheit und Labilität, Komplexität und Vielfalt können den Umsatz mindern, sie können aber auch scheinbar festgefügte und sichere alternative Lebensentwürfe in Frage stellen und als unzeitgemäße Fluchtversuche entlarven. Die Vermarkter betreiben die Perfektionierung der Stadt als Ort des Luxus und der Moden: Granitplatten, laufende Meter Edelstahl und Messing, Marmor und anderes überziehen zumeist banale Gehäuse, die sich eher zufällig um uninspirierte, „Straße" oder „Platz" genannte Freiflächen gruppieren. Was dabei herauskommt, sind perfekte und exklusive Reviere in der vermarkteten und privatisierten Stadt. Sie sind exklusiv, nämlich im buchstäblichen Sinne „ausschließend" durch ihre ausschließlich kommerzielle Nutzung, durch das Fehlen von wirklich öffentlichen Räumen und von städtebaulichen Bezügen zu den angrenzenden älteren Strukturen oder den früher vorhandenen Schichten der Stadt. Sie schließen alle von der Nutzung oder gar der Aneignung dieser neuen Stadtareale aus, die nicht dort wohnen, arbeiten oder einkaufen können.

Die Stadt als Gesamtkunstwerk

Wo aus Bauherren, die wirtschaftlich und in kultureller Verantwortung handeln und die mit dem Ort und dem Bau identifiziert werden wollen, anonyme Geldgeber und gleichgültige Investoren werden, herrscht gegenüber der räumlichen Kultur der Stadt die reine Willkür, deren letzte Konsequenz die Auflösung der Stadt und die Vernichtung ihrer natürlichen Lebensgrundlagen ist.
Wo individuelle Bereicherung und nicht auch gesellschaftliche, an einen Ort gebundene Verantwortung Motor der Stadtentwicklung ist, werden der Städtebauer und der Architekt durch den Projektmanager ersetzt, der, solange die Kasse stimmt, Duisburg mit gleicher Emphase verkauft wie München.
Die Folgen hemmungslosen Landverbrauchs, zunehmender Energieverschwendung, verschärfter gesellschaftlicher Ungleichheit und extrem polarisierter Eigentums- und Machtverhältnisse zeigen sich am deutlichsten in den Großstädten Asiens, Afrikas und Südamerikas, aber auch in der Betonwüste von La Defense. Der Verzicht auf oder die Unfähigkeit zur

gesellschaftlichen Steuerung urbaner Prozesse führt hier zu einer extremen Entwicklung, die alle Spuren örtlicher und traditioneller Bindungen radikal tilgt. Hongkong kann nicht das Leitbild für die Zukunft unserer mitteleuropäischen Stadtkultur werden, ebensowenig wie La Defense eine Alternative zu Paris oder auch nur seine aktuelle Weiterentwicklung ist. Und überhaupt: Wer fährt nach Paris, um La Defense zu besuchen, wer nach London wegen der Spekulationsburgen in den Docklands oder nach Wien wegen der UNO-City?

Schönheit der Stadt meint die Stadt als Gesamtkunstwerk. Schönheit der Stadt ist nicht exklusiv und partiell, sondern Resultat einer umfassenden Kultivierung des städtischen Raums. Die architektonischen Highlights, die Monumente der Einkaufspassagen, die Büropaläste, die verniedlichten Traditionsinseln der Altstädte, das neongrelle Vergnügungsviertel, die Poesie der Banlieue oder die vornehme Distanz des Villenquartiers: Sie kann alles dies umfassen, ist aber mehr als die Summe dieser Teile. Sie ist auch im sozialen Sinne nicht teilbar und auf bestimmte Gruppen beschränkt, sondern eröffnet allen Stadtbewohnern die Chance kultureller Teilhabe. Schönheit der Stadt ist nicht nur im Heute zu finden, sondern bezieht sich auf die Geschichte der Stadt und der städtischen Gesellschaft, weist aber zugleich in ihre Zukunft. Eine Stadt ist niemals fertig; sie ist beständig nur in ihrem Wandel, der im historischen Sinne nicht zufällig ist, sondern das Resultat der auf die Stadt wirkenden, sie formenden gesellschaftlichen Kräfte. Auch dies verbietet die Reduzierung der Schönheit der Stadt auf Inkunabeln einer beliebig verfügbaren Corporate Identity. Schönheit war für den Städtebau bis zum Beginn dieses Jahrhunderts ein konstitutives Qualitätskriterium. Der Vorläufer unserer heutigen Stadtplanungs- und Bauordnungsämter firmierte im mittelalterlichen Siena als „ufficio dell'Ornato della città". Die „bellezza" war wesentliche Rechtfertigung für städtebauliche Eingriffe in die private Baufreiheit. Auch der Städtebau für die industrielle Stadt wurde von Anfang an in der Dualität von Zweckmäßigkeit und Schönheit gesehen. Die erste Fachzeitung, die von Camillo Sitte und Theodor Goecke begründete, ab 1904 in Berlin und Wien erscheinende Zeitschrift *Der Städtebau*, führte den Untertitel *Monatsschrift für die künstlerische Ausgestaltung der Städte nach ihren wirtschaftlichen, gesundheitlichen und sozialen Grundsätzen*. Dabei gingen Städtebauer wie Camillo Sitte, Theodor Goecke, Joseph Stübben und Theodor Fischer keineswegs naiv an ihre Aufgabe. Die Stadt der Industrie war nicht mehr wie die mittelalterliche Stadt ein einheitliches kollektives Bauwerk, sie war auch nicht wie eine barocke Residenzstadt vom individuellen Gestaltungswillen eines Fürsten und seines Baumeisters geprägt. Sie war vielmehr das Resultat der bewußten und unbewußten Gestaltungskräfte einer Vielzahl von Unternehmern, Bauherren, Bürokraten. Dem Architekten als Städtebauer wurde die Aufgabe zugewiesen, „die auseinanderfallende Kultur zusammenzufassen, [so] daß er deshalb schlecht beraten ist, wenn er, in geschmacklichem Ästhetentum sich verlierend, die Führung in technischen Gestaltungsfragen sich entwenden läßt."[1] Eine in der städtebaulichen und kunsthistorischen Literatur des 19. und frühen 20. Jahrhunderts häufig gebrauchte Formel für diese vom einzelnen Bauwerk durch ihren kollektiven Charakter unterschiedene Schönheit der Stadt war das Ideal der „Einheit in der Mannigfaltigkeit". Der Gestaltungsauftrag des Städtebauers erstreckte sich, von diesem Berufsverständnis ausgehend, ganz selbstverständlich auf die gesamte sichtbare Stadt, auf den Stadtgrundriß und die Gesamterscheinung der Stadt in der sie umgebenden Landschaft ebenso wie auf die Straßen und Plätze, Grünflächen, Gewässer und Eisenbahnanlagen, auf Straßenbeleuchtung, Litfaßsäulen, Kioske und Bedürfnisanstalten.

Die Verantwortung des Städtebauers

Träger einer Kultivierung des öffentlichen Raumes und einer Aktion zur Wiedergewinnung der schönen Stadt ist mit Sicherheit heute nicht mehr die starke Einzelpersönlichkeit, die als *Stadtbaurat*, diese prägende Kraft haben kann. Solche Persönlichkeiten gibt es nicht mehr, sie sind auch nicht in Sicht. Träger ist auch nicht mehr der Automatismus eines aus dem kulturellen Konsens selbstverständlich entstehenden Umgangs mit den Bausteinen der Stadt.
Der Verlust des kollektiven Bauherrn oder der verantwortungsbewußten Persönlichkeit, die die Stadt weiterbaut, ist keine Rechtfertigung für den Städtebauer, sich unauffällig von der Bühne in den Zuschauerraum zu verdrücken. Im Gegenteil: als Anwalt der kollektiven Momente der Stadt stellt sich ihm eine umfassende kulturelle und politische Aufgabe, die die borniertern Interessenten, die die Stadt als Beute behandeln, mit Sicherheit nicht erfüllen können.
Der Städtebauer ist auf die Verwirklichung des kollektiven Charakters der gebauten Stadt verpflichtet. Von diesem früher unbestrittenen Selbstverständnis ist wenig geblieben. Vielen Planern fehlt gleichermaßen eine stadträumliche Vision wie die Sicherheit und Souveränität im praktischen

Umgang mit den Bauherren der Stadt. Planer beschäftigen sich zunehmend mit sich selbst und mit internen methodischen Problemen, die niemand interessieren und die mit der Wirklichkeit wenig zu tun haben. Sie finden Erklärungen dafür, warum die Wirklichkeit der Stadt ihren abstrakten Modellen nicht entspricht. Die Vision der Moderne von Gleichheit, Demokratie, ästhetischer Erneuerung und Emanzipation ist heute oft nur noch die Entschuldigung für Bequemlichkeit und Orientierungslosigkeit.
Bei der Suche nach neuen Ufern war der Blick gerade im Städtebau lange Zeit, in blindem Vertrauen auf die Zukunft, nur nach vorn gerichtet, und die Erfahrung, die hinter einem lag, galt als der Ballast, von dem man sich befreien mußte. Heute, da es bei der Gestaltung der Voraussetzungen für eine zukünftige Möglichkeit von Stadtkultur um den qualitativen Stadtumbau geht, sollte der Blick auf die Qualitäten, die wir in unseren Städten noch feststellen können, gerichtet werden. Gerade die Paradigmen und Instrumente der Stadt- und Regionalplanung, die als Antwort der Moderne auf das vom Kalkül privater Unternehmer geprägte, explosive Wachstum der Industriestädte im 19. Jahrhundert entwickelt wurden, sind längst überholt. Eine neue Orientierung scheint noch nicht gefunden, ja ist für viele nicht einmal in Sicht.

Räumlicher Ausgleich oder regionale Buchhaltung

Der Anspruch des Ausgleichs von Lebensverhältnissen im Raum, mit denen die Regionalplanung angetreten war, endete in einer methodischen und rechtlichen Verfeinerung der Instrumente. Regionalplaner haben die Rolle von Buchhaltern übernommen, deren Dateien zwar immer umfangreicher werden, die aber kaum noch Einfluß auf den Gang der Dinge haben.
Strukturwandel, neues Wachstum und ökologische Krise verlangen nach einer problemorientierten Form regionaler Koordination, die die Akteure, die Kommunen und die privaten Investoren einbezieht. Ihr Handeln auf Schlüsselprojekte der Regionalentwicklung zu bündeln, Synergieeffekte und sichtbare, exemplarische Erfolge zu schaffen, wird dabei wichtiger als die enzyklopädische Vollständigkeit eines flächendeckenden Plans, der vorgibt, alle Probleme auf einmal lösen zu können. Um viele nicht zentral steuerbare Akteure auf zielgerichtetes Handeln, auf Schlüsselprojekte und gemeinsame Strategien zu verpflichten, brauchen

wir bildhafte, lebendige Visionen von der Zukunft einer Region, mit denen die verschiedenen Akteure sich identifizieren und zu deren Umsetzung sie ihren Beitrag leisten können.

Zelle oder Stadthaus

Die kollektive Vision des Neuen Bauens ist längst reduziert auf die Addition gleicher Zellen für Kleinfamilien und Einpersonenhaushalte. Die letzten 40 Jahre Wohnungsbau haben gleichermaßen verheerende Folgen für die Kultivierung der Stadt wie für die Kultivierung des Wohnens gehabt. Oft unter dem Zwang hastiger Realisierung gingen Architekten und Planer daran, die Stadt mit Versatzstücken der architektonischen Moderne und oberflächlichen Resten ihres sozialreformerischen Impetus zu flicken. Die räumlichen „Gewitter am Stadtrand", die in München-Perlach, Köln-Chorweiler, in Leipzig-Grünau, Jena-Lobeda oder Halle-Neustadt heraufgezogen sind, unterscheiden sich voneinander zwar im Ausstattungsstandard der Wohnungen, nicht jedoch im Ausmaß der kulturellen Katastrophe, der städtebaulichen Barbarei: Diese Trabantenstädte sind geschundene Orte, die sich zwischen quer und senkrecht zur alten Straßenflucht gestellten Zeilen, zwischen Abstandsgrün und Müllcontainern verlieren und an einfallslos minimierten, vielstöckig aufeinandergeschichteten Wohnungen ersticken. Ihre Bewohner wissen nicht, wo sie eigentlich wohnen, und ihre Straßen und Plätze verdienen diese Namen nicht, weil sie eigentlich nur Rückseiten haben.
„Die Menschen, die hier wohnen, haben keine Geheimnisse. Hier gibt es keine durch Leidenschaft ruinierten Direktoren [...], keine unverstandenen Wissenschaftler, keine übersehenen großen Männer", keine Menschen, „die aus unbekannten Ländern kommen, die ein abenteuerliches Leben hinter sich haben. [...] In der Stille des Vormittags kann man sich keine Frau vorstellen, die noch an der Seite ihres Liebhabers läge [...], keinen Armen, der einen Glücksbrief empfänge. Die Sternstunden im Leben: es gibt sie hier nicht." So schreibt Emmanuel Bove über einen Pariser Vorort, stellvertretend für alle Vorstädte und Trabantensiedlungen der Nachkriegszeit. Niemand kann mehr behaupten, im Angesicht des gewaltigen gesellschaftlichen Strukturwandels die Lösung der Wohnungsfrage mit den verbrauchten Rezepten der Moderne zu erreichen.
Es haben dramatische Werteverschiebungen des Alltags stattgefunden. Wir sitzen nahezu acht Stunden am Arbeitsplatz – und der ist immer häu-

figer ein Büro – und verbringen immer weniger Zeit in der Wohnung. Warum gibt es so wenig Konzepte, Projekte und zeitgemäße städtische Wohnbauten, die auf die ökonomischen, sozialen und kulturellen Veränderungen reagieren, die städtebauliche Dichte und ökologische Verantwortung versöhnen?

Wer Straßen sät, wird Verkehr ernten

Die Vision von schneller Raumüberwindung und freier Mobilität für alle, dieser Technikertraum von neuen Verkehrsmitteln zu Lande, zu Wasser und in der Luft, ist längst zu einem Vorwand für Stadtzerstörung und weitere Umweltbelastung geworden. Wenn Verkehrsplaner heute noch immer Autobahnabschnitte vernetzen und Knoten entflechten, dann tun sie es nicht im Dienste freier Mobilität für alle und gerechter Zugangschancen zu Arbeitsplätzen und kulturellen Angeboten, sondern als Erfüllungsgehilfen verkehrspolitischer Vorgaben, die sie nicht mehr in Frage stellen.
Der Stadtraum und seine vielfältige Nutzbarkeit als öffentlicher Raum bleiben dabei auf der Strecke. Sinn und Qualität von Mobilität bleiben unbeantwortete Fragen. Stadt- und umweltverträgliche Lösungen für die Mobilitätsbedürfnisse einer arbeitsteiligen Gesellschaft degradieren die Menschen nicht zum Transportobjekt. Raumüberwindung kann auch Erlebnis sein, das Gefühl für die Zeit und die Lust am Gehen und Fahren – warum soll es nicht durch vielgestaltige und sinnlich reizvolle Stadt- und Landschaftsräume wieder zu seinem Recht kommen?

Volksparks oder Freizeitwelten

Die Vision einer aufgelockerten und durch Grünflächen gegliederten Stadtlandschaft dient heute vielfach als Entschuldigung für die fehlende Kraft, große Ballungsräume auch in räumlicher Hinsicht zu strukturieren. Unübersichtlichkeit, Zersiedelung, unnötiger Flächenverbrauch werden mit dem Modell der modernen, offenen Stadtlandschaft bemäntelt. Die sozialen Funktionen der städtischen Freiräume und der stadtnahen Landschaft sind einer zunehmenden Privatisierung von Freizeit- und Erholungsorten zum Opfer gefallen. Zu Beginn des 20. Jahrhunderts waren die Volksparks Kristallisationspunkte für kollektive Aktivitäten und

Kompensation für beengte Wohnverhältnisse ohne privat nutzbare Freiräume. Zugleich waren sie wichtige Strukturelemente zur Gestaltung der Stadterweiterungen und zur Definition des Stadtrandes. Sie waren Teil der öffentlichen, kollektiv nutzbaren Infrastruktur der Stadt.

Kommerzielle Freizeitparks, tropische Badeparadiese, Disneyworlds und Phantasialänder haben nicht nur die Vereinzelung der Nutzer als Konsumenten gefördert, sondern auch die Erholungsfreiräume an der Peripherie isoliert.

Gebraucht werden in Zukunft Freiraumkonzepte, die sowohl große Siedlungsräume räumlich definieren als auch soziale Funktionen im erweiterten öffentlichen Wohnumfeld und ökologische Funktionen als Lebensräume für Tiere und Pflanzen erfüllen können. Dies wird auch zu einer ganz neuen Ästhetik des Freiraumes führen, die mit dem Einheitsgrün der Stadtgärtner nur noch wenig zu tun hat. Historische, überholte Nutzungsformen von der bäuerlichen Landwirtschaft über feudale Herrensitze bis zur Montanindustrie und den Infrastrukturen des 19. Jahrhunderts werden zu wichtigen ortsbezogenen Gestaltungsschichten, die in den Freiräumen sichtbar und erlebbar gemacht werden können.

Beteiligungsrituale oder lokale Demokratie

Der Anspruch, die Bürger zum Subjekt der Planung zu machen und Planungsentscheidungen öffentlich und transparent zu treffen, ist vielfach zu einem Ritual formalisierter Bürgerbeteiligung verkommen. Die Weichen werden hinter den Kulissen gestellt. Der emanzipatorische Anspruch eines aufgeklärten Dialogs über die kollektiven Momente der Stadt und die Gestaltung öffentlicher Räume ist zu einem Palaver über Einzelinteressen geworden, bei dem sich diejenigen durchsetzen, die mit den härtesten Bandagen kämpfen. Für Planer scheint nicht selten die einfachste Lösung eine Anpassung an Stimmungen zu sein, sie mißbrauchen den Anspruch öffentlicher Planung als Entschuldigung dafür, egoistischen Einzelinteressen nachzugeben. Vom Chaos willfähriger Anpassung profitieren letztlich nur jene, die außerhalb des öffentlichen Diskurses ihre Interessen verfolgen. Der populistische Inkrementalismus, der versucht, alles an jedem Ort möglich zu machen – die High-Tech-Fabrik und das Biotop, das Welthandelszentrum und das innerstädtische Lupinenfeld –, zerstört jene polare Spannung gegensätzlicher Raumqualitäten, die für die Stadt konstitutiv ist.

Befreiung von der Moderne

Die Visionen der modernen Architekten waren elitäre Konzepte, die ihre Faszination nur im Prototyp bewahren konnten. Ihre massenhafte Anwendung zeigt, daß sie die vorhandenen Stadtstrukturen und die Umwelt zerstören.

Die Architekten der Moderne hatten – bei allen Verdiensten um die ästhetische Erneuerung der Architektur – überhaupt keine Vorstellung von der Stadt oder negierten sie bewußt. Das Pathos von Stadtkrone und gläsernem Dom ist ebenso abstrakt, lebensfremd und damit letztlich gegen die Stadt gerichtet wie die technokratische Rigidität eines 'Plan Voisin'. Automobil und Flugzeug als neue Verkehrsmittel des 20. Jahrhunderts symbolisierten die endgültige Befreiung vom engen Bewegungsradius der vorindustriellen Gesellschaft. Raumbeherrschung und Mobilität waren die positiven Leitbilder und bestimmten den Umgang mit der Stadt in den Vorstellungen der Moderne. Solange es Autos nur für wenige gab, konnte das neuromantische Bild des „automobilen Flaneurs" noch konfliktfrei in die gezeichneten Stadtvisionen integriert werden.

Inzwischen geht es wirklich nicht mehr darum, die Stadt autogerecht umzubauen, sondern um stadtverträgliche Verkehrstechnologien, eine bessere Verknüpfung individueller und öffentlicher Verkehrsmittel und mehr Verantwortung bei ihrem Gebrauch.

Die Häuser der Moderne sollten das Wohnen vom Korsett kleinbürgerlicher Konvention, von Finsternis, Enge und Seuchengefahr befreien. Ihre Prototypen, wie die Villen Le Corbusiers oder die Mustersiedlung Stuttgart-Weißenhof, standen außerhalb jedes städtischen Zusammenhangs. In Zukunft werden für immer mehr Menschen Orte außerhalb der Wohnung zum wechselnden Lebensmittelpunkt. Familienstrukturen verändern sich. Doppelte Berufstätigkeit und Teilzeitarbeit führen zu mehr individueller Belastung, gleichzeitig zur Auslagerung weiterer Einzelfunktionen aus der Wohnung. Sie müssen von der Stadt erfüllt werden.

Die Erklärungsmuster und Rezepte der Moderne für das Zusammenleben der Menschen und die Gestaltung der Stadt waren immer schon zu einfach. Erst recht sind sie der heutigen Wirklichkeit nicht angemessen. Die Verflechtung kultureller, sozialer und politischer Aktivität in der Stadt ist dichter geworden. Städte sind die Träger der gesellschaftlichen Innovationen. Wäre die Stadtvision der Moderne tatsächlich realisiert worden – die Stadtkultur wäre mit dem imaginierten Abriß der Städte für immer verschwunden.

Jenseits aller Versuche, mit primär technischen Mitteln die Probleme der wachsenden Städte in den Griff zu bekommen, existieren jedoch viel einfachere stadträumliche Elemente, mit denen wir auch heute noch umgehen können, wenn wir sie mit neuen Inhalten füllen. Es sind Strukturen, die gezeigt haben, wie ein räumliches Ordnungsgerüst den Gebrauch der Stadt in einer offenen und vielfältigen Weise organisieren kann. Ausgangspunkt ist der öffentliche Raum der Straßen und Plätze, also die Überlagerung von technischen Infrastrukturelementen einerseits und stadträumlichen Elementen andererseits. Der klar strukturierte öffentliche Raum der Straßen und Plätze und die komplementär dazu entstehende Blockstruktur haben sich nicht nur als anpassungsfähig erwiesen, sondern sie haben auch ihre Kraft zur Ordnung des Gebrauchs unter Beweis gestellt: Jedem Stadtbenutzer wird auch ohne geschriebene Regeln und selbst unter den Bedingungen zerstörter gesellschaftlicher Konventionen über das Leben in der Stadt klar, daß nicht alles an jedem Platz und zu jeder Zeit stattfinden kann. Zugleich bietet eine solche einfache Ordnungsstruktur Freiräume und einen räumlichen Rahmen für den Gebrauch durch einzelne Gruppen.

Die einfache Ordnungsstruktur von Straße und Block verkraftet innerhalb des Gewebes der Alltagsarchitektur auch jene bizarren Sonderfälle und Highlights, Monumente und öffentlichen Bauten, technische Großinfrastrukturen oder temporäre Architekturen, ungenutzte oder zeitweilig ungeordnete Stadtbrachen, die aus dem Rahmen herausfallen und die sowohl funktional als auch formal zu den Voraussetzungen für städtische Komplexität und für Spannungsverhältnisse zwischen unterschiedlichen Kulturen innerhalb der Stadt gehören. Es ist allerdings eine labile Gratwanderung, bei der im voraus der Punkt, an dem Vielfalt und Ambivalenz, Widerspruch und Lebendigkeit in zerstörerische Polarisierung umschlagen, nicht zu bestimmen ist. Brüche und Spannungen sind Teil des labilen Gleichgewichts der Stadt, sie können durch räumliche Ordnungsmodelle oder technische Vorkehrungen nicht ersetzt werden.

Eine neue Stadtbaukunst

Die Schönheit der Stadt muß wieder Maßstab für städtebauliche Eingriffe werden. Damit würde einer weiteren Zerstörung der Stadt zu strukturloser Tristesse Einhalt geboten. Dieser Versuch – mit allen seinen Risiken – wäre um vieles wichtiger und anerkennenswerter als alle abstrakten Systematisierungs- und Erklärungsversuche, die die Stadt zu einem Planungsgegenstand verkommen ließen, und er wäre um vieles bedeutender als die Allmachtsphantasien von Architekten, die neuerdings wieder gesellschaftsfähig zu werden scheinen. Dieser erste und sehr kleine Schritt zur schönen Stadt wäre ein qualitativer Sprung in der Entwicklung unseres Berufes; er würde nämlich das, was wir planen und entwerfen, wieder nachprüfbar an der wirklichen, an der sichtbaren Stadt machen.

Eine neue Stadtbaukunst muß von Architekten, Städtebauern und Stadtplanern selbst entwickelt werden. Politiker und Naturwissenschaftler konnten und können uns keinen Ausweg aus der Orientierungslosigkeit des Berufsstandes weisen. Philosophen begnügen sich damit, die neue Unübersichtlichkeit zu konstatieren. Politiker lavieren zwischen den divergierenden Interessen und versuchen sich mit faulen Kompromissen über die Runden der Legislaturperioden zu retten. Naturwissenschaftler liefern die Grundlagen für weitere umweltbelastende und ressourcenvergeudende Produktionen.

Daten, Methoden, Verfahren, technische und rechtliche Planungsinstrumente sind in reichlicher Auswahl und unüberschaubarer Vielfalt vorhanden. Was fehlt, sind städtebauliche und architektonische Akteure, die ästhetisch und sozial den Zusammenhang der Einzelelemente herstellen. Was fehlt, ist eine demokratische Planungskultur, die an das Ethos des klassischen Städtebaus anknüpft und die verbrauchten Leitbilder und Paradigmen der Moderne, den Bedingungen und Erkenntnissen unserer Zeit folgend, überwindet.

Im Anspruch, über ästhetische Gestaltung moralische Prinzipien verwirklichen zu helfen, besteht unsere politische Verantwortung als Städtebauer. Die schöne Stadt ist der konkrete Ort und die sinnlich faßbare Darstellung des „ästhetischen Staates" (Friedrich Schiller) als Inbegriff politischer Moral, als Inbegriff von Gerechtigkeit, Freiheit und Schönheit. Die sichtbare Stadt auf dieses nie erreichte Ideal zu orientieren und es wenigstens ansatzweise zu verwirklichen, wäre Legitimation und Qualitätsmaßstab für städtebauliches Handeln.

Die Stadt bleibt bis heute Inbegriff für eine oft enttäuschte, aber immer wiederbelebte Hoffnung auf individuelle Freiheit und Solidarität, Arbeit und Eros, Kultur und Konsum, Masse und Geborgenheit, Fortschritt, Luxus und Leidenschaft. „Städtebau jetzt!" heißt, endlich wieder den Blick freimachen für die Magie der Stadt.

---

1 Theodor Fischer, Sechs Vorträge über Stadtbaukunst, München und Berlin 1920, S. 28

Klaus Novy

Lange Wellen und die Konjunktur der großen Themen
Dargestellt am Beispiel der Städtebauleitbilder

Zu Anfang der neunziger Jahre zeichnet sich ein tiefgreifender Themen- und Stimmungswandel ab: in Politik, Kultur, Konsum und – und das interessiert hier – in städtebaulich-architektonischen Leitbildern. Noch ist der Wechsel schwer zu fassen. Ich möchte eine Annäherung mit zwei nicht primär architektonischen Theorieansätzen versuchen, der Theorie der „langen Wellen" und der Theorie der Postmoderne bzw. der ihr zugrunde liegenden Theorie der reflexiven Modernisierung. Auf die wirtschaftswissenschaftlichen Auguren war zwar nie viel Verlaß. Manches jedoch spricht – trotz verbreiteter Unsicherheit – für einen längeren Boom, für „roaring nineties", zumindest in Mittel- und Westeuropa. Damit wäre die zwanzigjährige stagnative Phase der siebziger/achtziger Jahre beendet. Der 50-Jahre-Rhythmus der langen Wirtschaftswellen, wie ihn zuerst der russische Ökonom der Jahrhundertwende, Kondratieff, beschrieben hat und wie er in den letzten Jahren von einigen Außenseitern wie Ernest Mandel (1972), Gerhard Mensch (1972), Josef Huber (1975), Rolf Schwendter (1982/1984) wieder in die Debatte gebracht worden ist, wäre ein Erklärungsversuch. Schon wird der „fünfte Kondratieff", also ein 20 bis 25 Jahre dauernder Prosperitätszyklus, angekündigt (Nefiodow 1990), dem später eine ebenso lange Stagnation folgen würde. Andere mögliche Ursachen für die überraschende neue Prosperitätswelle sind die Öffnung des europäischen Marktes sowie der Nachfrageschub durch Osteuropa. So oder so, trotz Anfangsproblemen im Osten scheint sich in Mittel- und Westeuropa eine überdurchschnittliche Wirtschaftsdynamik abzuzeichnen, die vorzeitig die erst seit Anfang der siebziger Jahre anhaltende lange stagnative Welle des abklingenden „vierten Kondratieffs" ablöst. Waren die Topoi der siebziger/achtziger Jahre die der stagnierenden, ja schrumpfenden Städte – man denke an das bekannte Buch *Neue Urbanität* von Häußermann und Siebel (1987) –, so hat sich das Szenario real schon längst verändert: Wirtschaftswachstum, Bevölkerungswachstum und flächenfressende Stadterweiterung, ausgelastete Produktionskapazitäten, Verknappung und Verteuerung der Ressourcen wie Kapital, Arbeitskräfte, Bauland. Ob Wohnbau, Gewerbe, Verkehrsbauten oder andere Infrastruktur, Bauen auch und vor allem am Stadtrand ist wieder gefragt, ebenso die Wiederverwertung innerstädtischer Brachflächen, Industrie- und Verkehrsbrachen. Berlin und die Städte der neuen Bundesländer verfügen auch innerstädtisch über große Aufbauflächen. Erstmals seit langer Zeit ist – angesichts der neuen Dimensionen – Städtebau im alten Sinne wieder gefordert. Die Wohnungspolitiker geraten in Panik: Nachdem noch Mitte der achtziger Jahre der soziale Wohnungsneubau ganz eingestellt werden sollte, wurde 1989 das Ruder herumgerissen. Jetzt soll massenhaft gebaut werden. Doch wie? Sind wir planungskulturell, städtebaulich und organisatorisch vorbereitet?

Architektur statt Städtebau – die siebziger/achtziger Jahre

Wirtschaftswunder und Großplanungen vom grünen Tisch für ganze neue Städte der Prosperitätsphase bis 1973 erwiesen sich in der Realisation vielfach als Trauma. Negativbeispiel hierfür sind die Großsiedlungen, die Satellitenstädte vom Ende der sechziger Jahre, des auslaufenden Endes der Prosperitätsphase des „vierten Kondratieffs". Große Träger, große Strukturen, Entmischung, Unveränderbarkeit, banale Architekturen der Serie, fehlende Differenzierungen zwischen öffentlichen und privaten Räumen, geringe Aneignungs- und Identifikationsmöglichkeiten – all dies erwies sich als kaum beherrschbar. 1989 kam dann in der BRD noch der „Republikanerschock" (Hoffmann-Axthelm 1989). Ausgerechnet in einigen SPD-Modellvorhaben wie Gropiusstadt und Märkisches Viertel in Berlin war der Anteil rechtsradikaler Wähler am höchsten, Indiz für eine Zangenbewegung von sozialer Abstiegsangst und mangelnden Handlungs- und Erfahrungsmöglichkeiten in den „neuen Städten".- Die lange Wirtschaftsstagnation seit 1973 ließ dann Großplanungen am Stadtrand überflüssig werden. Man konzentrierte sich auf die Stadterneuerung, putzte die Innenstädte heraus, plante allenfalls Lückenfüllungen, Arrondierungen. Architektursprachlich deckte sich diese Zeit mit dem Durchbruch der Postmoderne. Denkmaplflege hatte Konjunktur. Städtebau hingegen war kaum gefragt; man baute kleinere Anlagen am Stadtrand, Wohngruppenprojekte oder einzelne Stadthäuser/Stadtvillen, füllte Lücken; kurz, man reparierte die alte Stadt. Große Projekte kamen allenfalls als spektakuläre Solitärbauten daher, Städtebau wurde vom „Projekt" abgelöst. In Berlin entdeckte man schließlich im Rahmen der

Internationalen Bauausstellung den alten Stadtgrundriß und die Blockrandbebauung neu. Auch die alte städtische Funktionsmischung, auch Kreuzberger Mischung genannt, wurde wieder Leitbild. Eine wirkliche Auseinandersetzung mit den Fehlern der alten Städtebauleitbilder der Wachstumsära und Stadterweiterung von vor 1973 fand jedoch – mangels Anlaß – nicht statt. Städtebau verschwand tendenziell aus der akademischen Debatte und schließlich sogar aus der universitären Lehre. Die lange Stagnation und das Phänomen der schrumpfenden Städte ließen selbst die Architekturausbildung angesichts der hohen Arbeitslosigkeit sinnlos erscheinen; Städtebau mußte vollends als Luxus gelten, „Konkurs mangels Masse", wie es im Titel der „Stadtbauwelt 98" (1988, 986) hieß. Während der langen Stagnation tauchten dann auch allmählich die „passenden" Programme auf. Angesichts knapper Gesamtinvestitionen wurde die Städtekonkurrenz ausgerufen. Investitionsgewinnung war Teil eines harten Null-Summen-Spiels. Was die eine Gemeinde gewann, ging der anderen verloren. Daher sollte ein ganzheitliches Stadtmarketing die Städte konkurrenzfähiger machen. Wirtschaftsförderung durch Stadtkronenpolitik war angesagt. Der sozialdemokratische arbeitnehmer- und konsumentorienierte Keynesianismus wurde totgesagt; es lebe die unternehmerfreundliche Angebotspolitik und ein auf Prestigebauten bezogener Hochkulturkeynesianismus, der auf die mittelbaren Auswirkungen, auf Umwegrentabilität also setzte. Der überall gleiche Wettlauf um attraktivitätssteigernde Großprojekte (Museumsbauten, Bauausstellungen, Kongreßzentren, Bundesgartenschauen, Weltausstellungen, Olympiaden) begann. Städtebau war immer noch allenfalls die signifikante Geste des Solitärs eines großen Meisters. An der vernachlässigten Peripherie wucherten nun in den siebziger und achtziger Jahren flächige Eigenheimmetastasen und flächenfressende, oft unterbelegte Gewerbeparks im Grünen – dicht neben den hochgetürmten Satelliten der Endsechziger.- Die lange stagnative Welle der siebziger/achtziger Jahre hatte auch eine breite Problem- und Themenkonjunktur, von der wir uns vielleicht jetzt – schneller als uns lieb sein kann – verabschieden müssen. Nachdem die siebziger Jahre noch thematisch vom Krisengeschehen gesättigt waren und „das Soziale" in Gestalt der Arbeitslosigkeit dominantes Motiv war, standen die Achtziger schon im Zeichen einer konservativen Krisenverarbeitung. Jetzt hießen die Themen: Um- bzw. Abbau des Sozialstaates, Krise der Gewerkschaften, Krise der Gemeinwirtschaft, Entstaatlichung und Privatisierung, Dualisierung der Gesellschaft im Sinne der „Zweidrittelgesellschaft". Die geringe ökonomische Dynamik hatte jedoch auch gute Seiten: Wiederendeckung und Förderung der (innovativen) Kleinbetriebe, Mittelstandspolitik, Selbsthilfeförderung, Gründerzentren, Qualitäts- und Innovationsförderung, Kulturalisierung ökonomischer und sozialer Themen, „Rückbau" und „Renaturierung", Kultur der Langsamkeit und des Schrumpfens, Sensibilisierung für Ökologie, der Siegeszug der Grünen in Rathäusern und Parlamenten, multikulturelle Gesellschaft, Freude an Nischen, postmaterialistischer Wertewandel, Life-style-Debatte.

Unheilige Allianz der Expansionisten

Gegenüber diesen Leitthemen hat sich die Situation in Europa radikal gewandelt: von der langen Stagnation zum Beginn eines Booms, der vielleicht der Anfang einer langen Wachstumswelle ist. Sind wir vorbereitet? Städtebaulich/stadtplanerisch sind wir überhaupt nicht darauf vorbereitet, im großen Maßstab wieder Stadterweiterung zu betreiben. Zur Zeit wird die bevorstehende Dynamik der Stadtentwicklung in Deutschland durch eine geradezu unheilige Allianz der Interessen bedroht; mindestens vier Gruppen ziehen, voneinander unabhängig, am gleichen stadtzerstörerischen Strang. Ein quantitätsorientierter Minimalismus der Wohnpolitik und eine unreformierte Bau- und Wohnungswirtschaft, die wieder die Stunde der großen Serien wittert, treffen auf eine Planer- und Architektenschaft, die ihre Leitbilder in einfacher Negation der Postmoderne, in einer formalistischen Synthese aus Zeilenbauten der zwanziger Jahre und Punkt- und Scheibenhochhäusern der fünfziger/sechziger Jahre (durchsetzt mit einigen modischen Dekonstruktivismen) zu finden glaubt. Schließlich – wie die nur scheinbar schlauen Bauern mit ihrem immer verspäteten Schweinezyklus – betreiben die Politiker noch die Wirtschaftspolitik von gestern, die Politik der Städtekonkurrenz mit Großprojekten. Denn planungspolitisch haben Großprojekte als keynesianisches Vehikel der Wirtschaftsförderung, als „Trägerraketen" der Stadtentwicklung, ihren Sinn in der Depression. Im Boom muß Planungspolitik private Dynamik im Sinne öffentlicher Entwicklungsziele und lokaler Identitäten steuern, kanalisieren und manchmal dämpfen. Staatlich geförderte Großprojekte sind im Boom eher hinderlich, binden Ressourcen und verzerren, ja behindern private Dynamik („crowding out"). Die Eigendynamik der boomenden Privatwirtschaft zwingt Politiker und Planer in andere Rollen. Sie brauchen jetzt nicht mehr jedem Investor nachzulaufen, sondern sind wieder gefordert, ihre Planungshoheit wahrzunehmen: die Anwälte der Allgemeinheit, der Öffentlichkeit, der Gesamtstadt, ihrer Identität und Schönheit zu sein. Denn der ungezügelte Boom bedroht noch mehr als die Stagnation den Lebensquell europäischer Charakterstädte.

Nullwachstum, Zukunftswachstum oder Retrowachstum? Kondratieff läßt grüßen.

Ende 1990 erschien das Buch *Der fünfte Kondratieff* von Leo Nefiodow mit der These, daß die Informationstechnologien die Basis der nächsten langen Welle sein werden. Die These vom Beginn einer fünften langen Welle – nach denen der Dampfmaschine, der Eisenbahn, des Otto-Motors und der Elektronik – liegt in der Luft. Der Kasseler Subkulturforscher Rolf Schwendter hat schon 1982 den Beginn des „fünfte Kondratieffs" für 1990 prognostiziert. Die prognostische Kraft seiner Vorgehensweise scheint auf präzise Weise bestätigt. Doch er gibt der von ihm vorhergesagten Boomphase den Namen „Ökologiezyklus" und signalisiert damit, daß er die neuen Wachstumsimpulse – anders als Nefiodow – in grundlegenden neuen Ökotechniken sieht, die der Anfang eines ganzen Umbaues des traditionellen Industriekörpers darstellen. Diese Begründung ist auch naheliegend, und die jüngsten US-amerikanischen Beschlüsse zur Emissionsreduktion geben ihr Recht. Schwendter war nur zeitlich zu optimistisch. Die Bundesrepublik war auf dem Weg, Pionier der Ökotechnisierung zu werden und sich damit die Weltmärkte von morgen zu sichern.
Aber dann kam der 9. November 1989 mit all seinen Folgen. Nun steht – trotz Katastrophenmeldungen aus dem Osten – ein exogener, nachfragebedingter Wachstumsschub für uns heute noch unvorstellbaren Ausmaßes bevor, dessen Produktinhalte jedoch ganz traditionell sind. Symbolträger dieses Booms ist das Auto, nicht einmal das von morgen, sondern der Gebrauchtwagen von gestern. Man wird in Osteuropa nirgends Industrien mit zukunftsweisenden Standards aufbauen, warum auch, wenn es der abgespeckte VW-Polo oder Opel-Kadett auch tun. Die gesamte traditionelle städtische, verkehrstechnische, energetische und informationelle Infrastruktur muß nachgeliefert werden; 40 Jahre Haushaltsausstattung wollen nachgeholt werden. Dieser Boom droht daher inhaltlich, technologisch und kulturell „nach hinten" abzugehen: „Retro-

wachstum" möchte ich dieses einmalige Phänomen nennen. Westdeutschland wird boomen, aber den ökotechnischen Vorsprung auf dem Weltmarkt im falschen Rausch selbstvergessen verlieren. Eine bessere Symbolfigur als die des Kanzlers Kohl als eines zweiten Adenauer, als die Leitfigur eines „Wachstums sans phrase", einer Ära des Nicht-Experimentierens, also einer „neuen Einfachheit" – statt der strapaziösen alten „Unübersichtlichkeit" eines Jürgen Habermas (1985) – läßt sich kaum vorstellen. Der Geist der neuen Gründerzeit quillt häßlich aus allen Poren der deutschen Gesellschaft: Man protzt, man fährt wieder schnelle und große Autos, der Parvenü prägt ungeniert die Szene. Man darf wieder rasen, konsumieren. Wozu braucht man dann noch die Grünen?
Die neuen Zeichen der Zeit sind unüberhörbar: Hier heißt es beispielsweise, daß die gerade erst installierten ökologischen Mindestbestimmungen der Berliner Wohnungsbauförderrichtlinien nicht umgesetzt werden sollen, dort erfährt man, daß Denkmalschutzmittel radikal gekürzt werden müssen. Autobahnbau ist wieder selbstverständlich; kleinkariert streitet man sich nur noch darüber, ob im Westen oder Osten. Die vertrauten Themen und Prioritäten der Endphase der Stagnation dürften mehr als bedroht sein: Qualitätssicherungsstrategien durch Wettbewerbe, Nutzerbeteiligung durch offene Planungsverfahren, Bauherrenkultur, Rückbau und Entdichten, Innovationsförderung, Ökologie, Vielfalt- und Nischenpflege. Die Grünen auf Bundesebene waren deutliche erste Opfer auf der politischen Bühne. Die „Renaissance des städtischen Raumes" und die „Schönheit der Stadt" als „Gesamtkunstwerk", für die in der „Stadtbauwelt Nr. 92 (1986, 1886) und 98 (1988, 986) – also noch ganz im Zeichen der Stagnation und schrumpfenden Städte – plädiert wurde, sind zwar als Themen normativ wichtiger denn je, doch heute gefährdeter als noch vor zwei Jahren. Die Befreiung vom Zeitdruck der Massenproduktion hatte überlegte Experimente und mehr Qualität bis ins Detail ermöglicht. Doch statt brachliegender Ressourcen gibt es nun das Gegenteil: Wie Bau- und Kapitalmarkt zeigen, sind längst keine brachliegenden Reserven mehr da; im Gegenteil, öffentliche und private Nachfrage binden jetzt schon strategische Ressourcen, so daß – selbst bei „bestem Willen" – keine mehr für den kulturellen Überbau der Qualitäten, Experimente, Innovationen zur Verfügung stehen. Das ganze Postfordismus-Szenario, das Linke – immer auf der Suche nach einem Epochenenschnitt, der alles erklärt – in den letzten Jahren gezeichnet haben (vgl. Hirsch/Roth 1986), dürfte angesichts der deutlich fordistischen Züge der bevorstehenden langen Welle verblassen.

Postmoderne voreilig verabschiedet?

Jetzt rächt sich die ausgebliebene Aufarbeitung der Negativerfahrungen mit dem Städtebau der Nachkriegszeit, ja mit dem ganzen Jahrhundert. Die aktuelle Mainstream-Reaktion auf die Postmoderne – nimmt man Dekonstruktivismus und High-Tech nur als lärmende Nebenströme – greift ungeniert auf die Leitbilder der fünfziger/sechziger Jahre zurück. Ein Rückfall in eine Prä-Postmoderne ist aber ein schlechter Ersatz für eine (post)postmoderne Moderne, wie sie Welsch (1988) einfordert. Der Leitbildwechsel der Architekten- und Planerschaft scheint wieder einmal eher modisch-binnengesteuert als erfahrungsgesättigt und geschichtsreflexiv. Ein Schwerpunktheft der *ARCH+. Zeitschrift für Architektur und Städtebau* zum Thema „Stadtmodelle nach der Postmoderne" vom Oktober 1990 bestätigt alle Ängste. Dort wird der Heroismus der sechziger Jahre ernsthaft gefeiert; den Großbauaufgaben und Megaformen gehört die Zukunft. Stadt und Urbanität könne angesichts des Chaos in der Stadt und ihrer Peripherie nur noch innerhalb von Großbauten stattfinden. Öffentliche Räume – so Rem Koolhaas – seien eben nicht mehr städtische Plätze, sondern Autobahnkreuze und Flughäfen. Eindeutig ist für ihn: „Das sehr große Gebäude wird ohne Zweifel das Thema dieses Jahrhundertendes sein." (ARCH+ 1990, H.105/68) Tröstliche Perspektiven für den bevorstehenden Bauboom. Visionen für Berlin-Mitte sehen vielfach die Verdichtung des städtischen Lebens in Hochhauskomplexen vor, am radikalsten in der Idee von vier Hochhausscheiben am Rande des Tiergartens (Herzog/de Meuron), groteskerweise als „central-park-Konzept" ausgegeben.

Die Postmoderne war ja nicht nur modische Architekturhaltung, sondern eine Denkweise, hinter die es kein Zurück mehr geben darf. Postmodernes Denken hat sich entschieden verabschiedet von allen rationalistischen Planungsutopien, Einheitsentwürfen und Avantgardeansprüchen. Diese seien alle potentiell totalitär. Postmodernes Denken leugnet nicht Vernunft, sondern monistische Vernunftansprüche; es lenkt die Aufmerksamkeit positiv auf Pluralismus, Nischen, Brüche, Unfertiges, und zwar nicht nur als künstlerische Strategie, sondern als Umgangshilfe mit überkomplexen Realitäten. Die postmoderne Behauptung der „Mehrfachkodierung" meint ja nicht bloß ein pfiffiges Entwurfsprinzip, sondern ist eine Aussage über widersprüchliche Realitäten. „Ohne Zweifel ist die Kompositionsaufgabe postmodern schwieriger zu bewältigen als modern. Pluralismus ist diffiziler zu instrumentieren als Singularismus.

Auch das gilt architektonisch, soziologisch und philosophisch gleichermaßen. Gerade das aber – und nicht eine Flucht ins Einfache – wäre dann die Aufgabe heutiger Architektur." (Welsch 1988, S.115)

Städtebau – aber woher nehmen?

Gemessen an diesen Einsichten postmodernen Denkens ist der aktuelle Zeitgeist in Architektur und Städtebau mit seinen künstlerischen Formalismen, seinem Hang zu Großformen und Megastrukturen ein verheerender Rückfall. Wer sich die ersten Entwürfe der sogenannten Weltarchitekturelite für das Berliner Zentrum (gezeigt im Deutschen Architekturmuseum/Frankfurt a.M. 1991) ansieht, wer sich die längst banalisierten Folgen des Leithirschen Rem Koolhaas und seines Büros anschaut oder die ständigen Erfolge des Pariser Groß-Container-Architekten Jean Nouvel registriert, der kann nicht anders als erschrecken. Wie schon im ganzen Jahrhundert wird hier Stadt durch Städtebau zerstört; oder – besser – wird Städtebau durch einzelne Großprojekte verdrängt. Kollhoff träumt von „großen Häusern, die in sich die Energie einer ganzen Stadt tragen und als Solitäre in der freien Landschaft stehen" (ARCH+ 1990, H.105/6,47). Mit architektonischer „Poesie", um mich einer Lieblingsvokabel aktuellen formalistischen Rechtfertigungsgeredes von Preisgerichtsvorsitzenden zu bedienen, ist am Ende des 20.Jahrhunderts kein Städtebau mehr zu machen. „Stadt" ist dafür zu komplex.
Postmodernes Denken kritisiert die falsche Radikalität der Moderne mit ihren Ansprüchen „Bruch mit der alten Stadt" oder „Platz frei für die Neue Stadt". Das ganze Jahrhundert stellt sich als ständiger Versuch dar, mit der alten, verhaßten Stadt zu brechen, ja abzurechnen: Was wurde da nicht alles erfunden: Gartenstädte, organische Städte, verkehrsgerechte Städte, Wohnmaschinen, Satellitenstädte usw. Doch letztlich gingen alle Versuche in die Irre und hinterließen eine immer stärkere Fixierung auf die sowie eine Belastung der alten, inzwischen geschätzten und überforderten Innenstädte – sekundiert durch den unter Linken dominanten und larmoyanten Strukturfatalismus: Selbst Habermas (1985,24) – wie auch Häußermann/Siebel – stellt lieber den „Begriff der Stadt" als „überholt" hin, als darüber im Sinne Blochs als „soziale Schöpfung" oder Mitscherlichs als „Selbstdarstellung von Kollektiven" zu reflektieren. Es ist vor allem Evers, der auf den „Akteursansatz" insistiert in einer Forschungs- und Wahrnehmungsszene, die immer noch dazu neigt, den Systemlogi-

ken Erklärungsdominanz zuzuweisen. „Es geht nicht an, auf der einen Seite die Bedeutung sozialer Bewegungen zu beschwören und auf der anderen Seite mit einem theoretischen Vorverständnis zu operieren, das verselbständigten (ökonomischen) Strukturen und Systemen Vorrang vor sozialen Akteuren einräumt.(...) Hervorzuheben ist heute der Beitrag von sozialen Bewegungen im Sinne artikulierter Subjektivität für eine Restrukturierung von Lebenswelten. Gerade von ihrer Bekräftigung lebt heute Urbanität gegenüber den Zugriffen von Vermarktungs- und dazu komplementären Etatisierungsprozessen. (...) Die Rolle der Subjektivität und dem, was sie an sozialer Bewegung enthält, besteht bezogen auf die Stadt als räumliches System in der Herstellung dessen, was man den 'konkreten Ort' nennen könnte." (Evers 1987,199) Stadt ist gestaltbarer als gerne angenommen, und Planer sollten sich endlich als das begreifen, was sie auch sind: Subjekte und Akteure im Prozeß der Stadtbildung. „Wenn wir die Moderne heute so scharf sehen – in der Einseitigkeit ihres technokratischen Fortschrittsdenkens, im Rigorismus und Monopolismus ihrer funktionalen Doktrin, in ihrem Widerspruch zwischen Dekret und Praxis –, so verdanken wir das dem Abstand, den die Postmoderne gebracht hat.(...) Die Postmoderne läßt Tradition undogmatisch wieder zu." (Welsch 1988, S. 101f) Postmoderne Geschichtlichkeit fordert daher den vorsichtigen Anschluß an die alte Stadt mit seiner kleinteiligen Parzellierung, Nutzungsmischung, seiner Variabilität in der Zeit, seiner Spannung von Einheitlichkeit des Stadtgrundrisses und Differenziertheit der Einzelbauten. Die Ökonomie kann hier ein Verfahren bieten, die Idee des „rekurrenten Anschlusses". Selbst wenn man Preise abstrakt nicht erklären kann, so läßt sich gleichwohl an die konkrete, vorliegende Preisstruktur anknüpfen, um diese im Sinne veränderter Ansprüche experimentell (und revidierbar) zu variieren. Analog könnte man fordern, statt „Stadt" jeweils neu zu fassen oder sie – wie andere – als Kulturgebilde aufzugeben, doch strukurell an Bewährtes anzuschließen und gestaltend im Sinne bewährter Leitbilder einzugreifen. Das aber bedeutet die Einsicht, daß sich wachsende Stadt und Abzonung am Stadtrand widersprechen. Zwischen flächenfressenden Eigenheimsiedlungen und hochgetürmter Satellitenstadt gibt es Alternativen, auch wenn diese in den aktuellen Berliner Stadtentwicklungsdiskussionen kaum vorzukommen scheinen. Noch die Gründerzeitstadt wuchs beispielsweise fünf- bis sechsgeschossig aus der grünen Wiese. Das ganze moderne Planungsinstrumentarium mit seinen Nutzungstrennungen, Flächenwidmungen, seiner Affinität zu großen spezialisierten Bauträgern und Investoren, seiner Inflexibilität in

der Zeit scheint obsolet zu werden. Die Peripherie scheint ja nur aus wenig verdichteten Gewerbegebieten, Einfamilienhaussiedlungen und dichten Großsiedlungen zu bestehen. Muß es nicht in Zukunft darum gehen, an Entwicklungsachsen städtisch am Stadtrand zu bauen? Warum nicht Stadt im Maßstab der letzten Jahrhundertwende mit identitätsstiftendem Stadtgrundriß, Blockrandbebauungen, Differenzierung zwischen öffentlichen Straßen und Plätzen und Blockinnerem, einer Vielfalt von Eigentümern und gemischten, in der Zeit variablen Nutzungen? Dazu müssen sich aber nicht nur der Städtebau, sondern alle anderen Akteure ändern. Die postmoderne Architekturdebatte hat mangels realer Wachstumsdynamik Städtebau nur wenig, und dann bezeichnenderweise in der Form besonders rückwärtsgewandter Leitbilder hervorgebracht. Bekannt geworden hierfür sind die Architekten Rob und Leon Krier. Offensichtlich stand nur der Stadtromantiker Camillo Sitte und nicht die Großstadtarchitektur von Otto Wagner Pate. Wagners nicht realisierter Entwurf für den Wiener Vorortstadtteil Floridsdorf ist ein letztes Entwurfsbeispiel für den Versuch, städtisch am Stadtrand zu bauen, eine Kunst, die das ganze 20.Jahrhundert verschmäht hat.
Hier neue Wege zu gehen, am Ende des 20.Jahrhunderts doch noch die Versöhnung mit der gewachsenen europäischen Stadt auch stadtentwicklungspolitisch zu betreiben, ist allerdings nicht nur Sache der Architekten- und Planerschaft, sondern eines Städtebaus in der Hand von interdisziplinären Entwicklungsteams und couragierten, gebildeten Politikern, die ihre Kompetenz nicht verfrüht an Expertenlobbies der Architekten abgeben. Veränderungen in vielen neuen Planungsritualen signalisieren einen ersten vorsichtigen, und nun durch die ausgebrochene Bauhektik schon wieder gefährdeten Fortschritt. Typisch für moderne Planungsverfahren ist der wirkliche Diskurs von Architekten/Planern, Politikern/Verwaltungsleuten, Bauherren/Investoren und Nutzern/Öffentlichkeit in öffentlichen Planungsverfahren wie in Gestaltungsbeiräten, Planungskolloquien, Architekturhäusern, Stadtforen. Man kann Städtebau nicht mehr den Architekten und der modischen Binnendynamik der berufsständischen Leitbildproduktion überlassen. Ein institutionalisierter und öffentlicher Dialog wird hoffentlich Kontinuität und Kontrolle ermöglichen, ohne die notwendige künstlerische Dimension zu ersticken. Und dies hat nichts mit Populismus zu tun, wie es der ehemalige Baustadtrat Salzburgs, Voggenhuber, in deutlicher Klarheit erläutert: „Bauen ist ein öffentlicher Akt. Es hat daher den grundlegenden Regeln der Architektur und des Städtebaues gerecht zu werden. Dies bedeutet

aber auch, den künstlerischen und wissenschaftlichen Anspruch der Architektur ausdrücklich anzuerkennen und ihr den zu seiner Verwirklichung notwendigen Freiraum zu schaffen. Sache der Bauherren ist es, den Architekten vorzugeben, Bedürfnisse und Rahmenbedingungen zu formulieren, sein kulturelles und soziales Selbstverständnis offenzulegen. Es kann jedoch nicht Sache des Bauherrn sein (...), in die architektonische Entwurfsarbeit zensurierend einzugreifen. Ihre Beurteilung kann nur die Aufgabe der besten Fachleute sein. Die Architektur kann nicht davon befreit werden, für die Architektur verantwortlich zu sein. Der Versuch der Demokratisierung von Bauen und Planen in Salzburg zielt daher auch nie auf eine Abstimmungsarchitektur, noch ist damit ein Populismus gemeint, der die Architektur aus der Unterwerfung unter die Bauspekulation befreien will, um sie dem 'gesunden Volksempfinden' zu überantworten. Ein kulturell und sozial verantwortlicher Bauherr ist eine Voraussetzung für das Entstehen von Architektur. Er versucht nicht den Architekten zu ersetzen, sondern ihn herauszufordern." (Voggenhuber 1988, 137/138)

Literatur

Harald Bodenschatz, Platz frei für das neue Berlin, Braunschweig 1988
Josef Esser und Joachim Hirsch, Stadtsoziologie und Gesellschaftstheorie. Von der Fordismuskrise zur postfordistischen Regional- und Stadtstruktur, in: Walter Prigge(Hg.), Die Materialität des Städtischen, Basel 1987
Adalbert Evers, Und sie bewegt sich doch. Thesen zur Rolle sozialer Bewegungen für Urbanität und Stadtkultur, in: Walter Prigge (Hg.), Die Materialität des Städtischen, Basel 1987
Jürgen Habermas, Die neue Unübersichtlichkeit, Frankfurt a. M. 1985
Hartmut Häußermann und Walter Siebel, Neue Urbanität, Frankfurt a.M. 1987
Joachim Hirsch und Wolfgang Roth, Das neue Gesicht des Kapitalismus. Vom Fordismus zum Postfordismus, Hamburg 1986
Dieter Hoffmann-Axthelm, Der „Republikanerschock" und die rot-grüne Baupolitik in Berlin, in: ARCH[+] H.99, 1989, S.40
Joseph Huber, Die Regenbogengesellschaft, Frankfurt a.M. 1987
Ernest Mandel, Der Spätkapitalismus, Frankfurt a.M. 1972
Günter Mensch, Das technologische Patt, Frankfurt a.M. 1972
Leo Nefiodow, Der fünfte Kondratieff. Strategien zum Strukturwandel in Wirtschaft und Gesellschaft, Frankfurt a.M. 1990
Rolf Schwendter, Zur Geschichte der Zukunft, 2 Bde., Frankfurt a.M. 1982 und 1984
Johannes Voggenhuber, Berichte an den Souverän. Salzburg: Der Bürger und seine Stadt, Salzburg 1988
Wolfgang Welsch, Unsere postmoderne Moderne, Weinheim 1988

Wolfgang Welsch

Wie modern war die moderne Architektur?

Es mag ungewöhnlich erscheinen, daß sich ein Philosoph zu Fragen der Architektur äußert. Manche mögen das sogar für ungebührlich halten. Und doch sind die beiden Disziplinen näher verwandt, als man gemeinhin annimmt. Es besteht geradezu ein altes Bündnis zwischen ihnen. Jedenfalls fällt an der Philosophie auf, wie sehr ihr architekturale Begriffe und Metaphern eingeschrieben sind. Man kennt das aus der alltäglichen Rede von Grundlagen und *Fundamenten*, die man vom Denken und der Philosophie erwartet, oder auch aus der Rede von Begriffs*konstruktionen* oder Gedanken*gebäuden*.
Zudem hat die Philosophie selbst ihre Selbstreflexion immer wieder mit Architekturreflexionen verbunden. Aristoteles beispielsweise hat vom Architekten mehrfach als dem wichtigsten Vertreter eines bestimmten Typs von Wissen, des technischen Wissens, gesprochen. Kants Kritik der reinen Vernunft enthält gegen Ende ein sehr bedeutsames Kapitel, das „Architektonik der reinen Vernunft" überschrieben ist. Und Nietzsche hat den Menschen insgesamt als Baumeister geschildert. Wir müßten einfach als Baumeister tätig sein, denn da es die Wirklichkeit nicht gebe und mithin objektive Fundamente fehlten, seien wir gezwungen, solche Fundamente – wie schwankend sie auch immer ausfallen mögen – je sozial und individuell zu erfinden und auf ihnen unsere Lebens- und Denkgebäude zu errichten.
Auch die Philosophie der Gegenwart kommt, gerade wo sie sich gegen traditionelle Prämissen des Denkens wendet, von der Reflexion architekturaler Momente nicht los. Das gilt von der Postmoderne Lyotards ebenso wie vom Dekonstruktivismus Derridas. Die kritische Befragung richtet sich gerade auf architekturale Implikationen des überkommenen Philosophierens (insbesondere auf den Gestus des Fundament- und Aufbaudenkens), und wo diese neueren Philosophen dann für ein anderes Denken plädieren, müssen sie für dieses wiederum eine Art Architektonik vorschlagen, handle es sich nun um eine mehrfachkodiert-postmoderne oder um eine verstreut-dekonstruktivistische.

Mit einem Wort: Ob Philosophie klassischen Stils oder Kritik dieses Philosophierens – die Philosophie kommt von der Architektur nicht los. Es besteht eine Wahlverwandtschaft bzw. Familienähnlichkeit zwischen beiden.

Die Moderne – gibt es nicht

Ich will von einer kleinen Beobachtung ausgehen: In manchen Metropolen findet man heute Galerien mit der Bezeichnung 'Galerie für moderne und zeitgenössische Kunst'. Offenbar ist 'modern' nicht mehr gleichbedeutend mit 'zeitgenössisch'. Die Moderne ist alt geworden. Aber so wie diese Türschilder ist der Titel meines Textes nicht gemeint. Ich will nicht suggerieren, daß die moderne Architektur heute nicht mehr modern sei. Ich will etwas weit Schlimmeres andeuten: daß sie schon zu ihrer Zeit nicht modern gewesen ist. Natürlich muß in einer solchen Aussage 'modern' gleichzeitig in zwei verschiedenen Bedeutungen gebraucht sein. In einem bestimmten Sinn war die moderne Architektur durchaus modern, in einem anderen und gewichtigen Sinn aber war sie es nicht.

Das ist kein bloßes Wortspiel. Der Begriff der 'Moderne' ist nämlich nicht nur facettenreich, sondern geradezu plurivok. Unter diesem Etikett werden konträre Konzeptionen empfohlen. 'Moderne' ist eigentlich nur ein Deckname, der für diese verschiedenen Versionen den falschen Anschein einer Einheitlichkeit erzeugt. *Die* Moderne – so meine erste These – gibt es nicht. Was es gibt, sind unterschiedliche Moderne-Konzepte, und ihre Beziehung untereinander ist nur zum Teil eine der Fortsetzung, zu einem anderen Teil jedoch eine der Reaktion, und oft bekriegen diese Konzepte sich geradezu und schließen einander aus. Von 'Moderne' sollte man daher immer nur spezifisch, unter Angabe des Moderne-*Typs*, den man jeweils im Auge hat, sprechen. Das ist den engagierten Verteidigern der Moderne ebenso ins Stammbuch zu schreiben wie den Apologeten einer Postmoderne. Vieles in dem Streit zwischen Moderne und Postmoderne würde sich auflösen, wenn man genau sagte, welche Moderne man eigentlich verteidigen will und von welchem Typus von Moderne man sich absetzen zu sollen glaubt. Auch für die Architektur-Debatte wäre etliches zu gewinnen, wenn Klarheit darüber bestünde, welchem Typus von Modernität die sogenannt moderne Architektur entspricht und welchen anderen gleichzeitigen Typus sie verpaßt. Nicht nur die Antriebe und Erfolge der modernen Architektur, sondern auch ihre Misere und deren Zwangsläufigkeit ließen sich dann besser verstehen. Zudem könnte man auf die Defizite angemessener reagieren. – Im Kontext solcher Erwägungen steht mein Versuch, den Modernitätstypus der modernen Architektur genauer zu bestimmen.

Typen von Moderne

Ich will zunächst einige Exempel aus dem Katalog der Moderne-Begriffe anführen. Die Auflistung ist nicht vollständig. Sie hat nur das Ziel, an einigen Beispielen mit der Unterschiedlichkeit solcher Begriffe vertraut zu machen und die Neigung zu wecken, künftig nicht mehr pauschal, sondern spezifiziert von 'Moderne' zu sprechen. Anschließend werde ich zwei dieser Modernen detaillierter behandeln.

Da ist zunächst 'Moderne' im Sinn der 'temps modernes', wie die Franzosen sagen, was im Deutschen soviel wie 'Neuzeit' bedeutet. Und bei diesen 'temps modernes' handelt es sich trotz des Gleichklangs um etwas ganz anderes als um die englischen 'Modern times', etwa eines Charlie Chaplin; während Chaplin sich auf die zwanziger Jahre unseres Jahrhunderts bezieht, bezeichnen die 'temps modernes' der Franzosen ein im *17. Jahrhundert* entwickeltes Programm: das für die Neuzeit typische Programm einer neuen, universalen Wissenschaft namens Mathesis universalis.

Anders dann schon die 'Moderne' im Sinn des *18. Jahrhunderts*. Jetzt ist mit 'Moderne' das Projekt der Aufklärung gemeint. Es geht um die Menschenrechte und das Programm sozialer Emanzipation. Habermas beispielsweise bezieht sich, wenn er von der Moderne als einem unvollendeten Projekt spricht, auf dieses Programm der Aufklärung. 'Projekt der Aufklärung' und 'Projekt der Moderne' sind bei ihm synonym.

Für ein noch einmal anderes Programm steht der Ausdruck 'Moderne' im *19. Jahrhundert*. Man meint jetzt Modernisierung im Sinn von Industrialisierung. Andere meinen aber das genaue Gegenprogramm dazu – so Baudelaire in seinem Konzept der modernité. Statt der zunehmenden Industrialisierung und der Errichtung dessen, was Max Weber später das „stählerne Gehäuse der Moderne" nennen wird, besteht Modernität für Baudelaire in der subtilen Exaltation durch das Ephemere, das Flüchtige. Da hat man also zwei völlig konträre Moderne-Konzepte nebeneinander. Im *20. Jahrhundert* schließlich stehen einander ständig unterschiedlichste Moderne-Begriffe gegenüber: der Modernismus der Avantgarden, die

Modernisierungskonzepte der Totalitarismen, die Modernität der ewigen Wiederkehr des Gleichen. Ein und derselbe Autor kann (sogar im gleichen Text) einerseits gegen die Moderne zu Felde ziehen – „Diese moderne Welt also, zum Teufel!", heißt es bei Breton im Ersten Manifest des Surrealismus[1] – und kann dann fünf Seiten später die surrealistische Geisteshaltung selbst als „spezifisch modern" preisen.[2]
Angesichts solcher Disparitäten im Begriff der Moderne sind manche Zeitgenossen geneigt, den Ausdruck generell preiszugeben. Aber damit wäre auch nichts gewonnen. Es bleibt nur, einen differenzierten Umgang mit diesem Begriff zu entwickeln.[3]

Der Modernitätstypus der Neuzeit

Von diesen Modernitätstypen will ich im folgenden zwei näher charakterisieren. Ich gehe zunächst auf den spezifisch *neuzeitlichen* Typus ein, auf das Projekt der Mathesis universalis, wie es im 17. Jahrhundert begründet wurde und die folgenden Jahrhunderte durchzog. Verschiedentlich ist es noch in unserer Gegenwart lebendig – beispielsweise im Konzept eines 'technologischen Zeitalters'.
Was hat es mit diesem Neuzeit-Programm auf sich? Ich greife auf Descartes, den wichtigsten seiner Gründungsväter, zurück.

Neuzeitideal Uniformität

Ausgehend von der überraschenden Entdeckung der analytischen Geometrie, also der Darstellbarkeit von Raumverhältnissen (Phänomenen äußerer Wahrnehmung) mit den reineren, weil gänzlich unsinnlichen, allein geistigen Mitteln der Zahl und Berechnung, hatte Descartes geglaubt, alle Wirklichkeitssphären mit dieser einen mathematischen Methode erfassen und strukturieren zu können. Dies war der Sinn seiner programmatischen Grundlegungsschrift von 1637 mit dem Titel *Discours de la Méthode*.
Diese Konzeption ist auch heute noch faszinierend – wenngleich dieser Faszination inzwischen Schauder beigemischt sein müssen. Descartes meint, fortan werde sich alles, werde sich die Welt der natürlichen Erscheinungen wie der menschlichen Phänomene einheitlich begreifen lassen. Gewiß: Vorerst ist seine Methode nur im naturwissenschaftlichen Bereich und in den Fragen der theoretischen Philosophie erfolgreich. Für

die praktische Philosophie, für Fragen der Ethik und Politik hat Descartes die Lösung noch nicht in der Hand – aber ein Spinoza wird kommen und die Ethik more geometrico durchführen, und ein Hobbes wird sie auf die Politik anwenden. Und Descartes selbst spricht schon von den revolutionären Errungenschaften, die der Medizin bevorstehen: Sie wird nicht nur Heilmittel gegen alle möglichen Krankheiten, sondern am Ende auch noch ein Remedium gegen den Tod erfinden. Ebenso wird man die bedrückend unreine Sphäre der Gefühle, der Körperlichkeit und der dubiosen Sexualität nach den Maximen der Klarheit und Deutlichkeit strukturieren und institutionalisieren können. Mit dieser Methode werden die Menschen alles erkennen, alles richtigstellen, alles geistgemäß einrichten. – Man spürt in den Schriften dieser frühen Neuzeit insgesamt einen Antrieb, die ganze Welt in eine des Lichts und universeller Durchsichtigkeit zu transformieren. Es wird keine Menschen mehr geben, sondern nur noch Intelligenzen, sprich Engel. Ein Neubau der Welt im ganzen ist die innerste Hoffnung dieser Neuzeit.

Topoi der Neuzeit

Fünf Eckpunkte dieses Konzepts will ich etwas detaillierter darstellen: Radikalität des Neuanfangs, Universalität, Quantifizierung, technischer Charakter, Uniformierung.

1. Die *Radikalität des Bruchs* gegenüber der Tradition hat ein zuvor unbekanntes Ausmaß. Die Renaissance beispielsweise hatte auch einen Bruch vollzogen gegenüber dem, was sie das 'finstere Mittelalter' nannte. Aber sie griff dabei auf eine andere Vergangenheit, die Antike, zurück. Zudem hat sie auch andere Teile der Geschichte 'gerettet' als nur die Antike, beispielsweise viel Mittelalterliches (weil man es als antik ansah oder für antik ausgab; das Florentiner Baptisterium etwa, ein Bau des 11. Jahrhunderts, galt als vorbildlich). Die Neuzeit hingegen vollzieht einen radikalen Bruch mit allem Vorausgegangenen. Descartes läßt von der alten Wissenschaft nichts mehr gelten – auch nicht das, was richtig ist; denn es trägt den Ausweis seiner Richtigkeit nicht an der Stirn, sondern dieser Ausweis ist erst der Übereinstimmung mit dem zu entnehmen, was die neue Wissenschaft ohnehin lehrt.
Nicht einmal die Logik bleibt von dieser Revision unbetroffen. Bacon, ein Gründungsgefährte des Descartes, glaubt, ein Neues Organon schrei-

ben zu müssen: Die klassischen Logikschriften des Aristoteles (sie trugen den Namen Organon) seien ungenügend. Man könne das Alte nicht verbessern, sondern müsse alles von den eigenen Prinzipien aus neu schaffen. – Ein anderer Neuzeit-Philosoph freilich, Hegel, wird später die Logik des Aristoteles loben; was dieser über Begriff, Urteil, Schluß gesagt habe, sei bis auf den heutigen Tag gültig geblieben, man habe keinen einzigen Schritt über ihn hinaus getan.[4] – Daran kann man erkennen, daß die neuzeitliche Verwerfung der Tradition natürlich auch großsprecherische Züge hatte, zu einem guten Teil bloße Rhetorik war.

2. *Universalität* ist schlicht die andere Seite der gleichen Medaille. Wenn man mit allem bricht, dann muß man eben alles neu aufbauen, und dann muß man das eigene Prinzip als universal ansehen.

3. Das entscheidend neue Prinzip – die neue Methode – besteht in der Überführung aller qualitativen Prädikate in *quantitative* Bestimmungen. Das beginnt bei den Sinnesqualitäten, beispielsweise den Farben. Rot, Gelb oder Blau gibt es – so sagt die Neuzeit – eigentlich gar nicht, objektiv gibt es nur Größe, Gestalt und Bewegung. Und diese Eliminierung von Qualitäten setzt sich durch die ganze Welt fort. So gibt es für die neue Wissenschaft auch keine disziplinären Unterschiede mehr. Fragen der Ethik seien ihrer Struktur nach keineswegs anderer Art als solche der Mathematik – das sei nur der Irrtum so traditioneller und unzuverlässiger Geister wie Aristoteles gewesen. In Wahrheit gebe es nur eine einzige wirkliche Rationalität, die mathematische, und diese vermöge alle Probleme zu lösen. Es komme nur darauf an, diese Rationalität voll zu entfalten und überall anzuwenden.

4. Zugleich ist diese Wissenschaft ein Unternehmen der *Weltgestaltung*. Sie ist ihrem Ansatz und Geist nach *technisch*. Sie wird nicht ruhen, ehe sie ihr Prinzip bis in den letzten Erdwinkel hinein realisiert hat. Über diesen technischen Charakter des neuzeitlichen Denkens waren sich selbst Antipoden wie Heidegger und Adorno einig. „Technik ist das Wesen dieses Wissens" – ein Schlüsselsatz aus der *Dialektik der Aufklärung* – könnte zugleich als Resümee von Heideggers Analyse des technischen Charakters neuzeitlichen Denkens dienen.[5]

5. Natürlich handelt es sich bei alledem um ein Unternehmen der *Uniformierung*. Für das Denken wie für den Erfolg des ganzen Programms ist

die Einheitlichkeit des Ansatzes ausschlaggebend. Sie muß zu einer theoretischen wie praktischen Vereinheitlichung der Erscheinungen führen. In der realisierten Neuzeit wird die Welt überall gleich aussehen. Das folgt schlicht aus dem Prinzip: daß man *eine* Methode für *alle* Probleme hat.

Neuzeit und neuzeitliche Moderne

Diese Denkform blieb während der gesamten Neuzeit und Moderne bestimmend. Auch dort, wo die Herrschaft des mathematisch-wissenschaftlichen Weltmodells zumindest vordergründig fraglich wurde, reproduzierten die Ersatz- und Nachfolge-Kandidaten allesamt die gleiche Monopolstruktur. Auch sie traten wieder mit dem Anspruch auf, *ein* Lösungsmodell für alle Probleme zu besitzen. Den Inhalten nach waren sie wohl verschieden, in der Totalitätsobsession aber allesamt gleich. Ob Hegelsche Teleologisierung der Geschichte im Namen des Weltgeistes, Marxsche Erlösung der Menschheit durch die Revolution des Proletariats, kapitalistisches Programm des größtmöglichen Reichtums aller oder aktuelle Technologie-Euphorie: Stets soll das neue Paradigma *alle* Probleme lösen, *nichts* verschonen. Es ist in dieser Neuzeit und neuzeitlichen Moderne nicht möglich, daß eine Wahrheit anders als mit Ausschließlichkeitsanspruch auftritt. Singularität und Universalität sind ihr zuinnerst eigen, Pluralität und Partikularität zutiefst fremd.
Das gilt sogar noch von den Gegenoptionen gegen diesen Hauptstrang – von der romantischen ebensosehr wie von der surrealistischen und von der existentialistischen wie von manchen esoterischen, bis hin zur Proklamation eines New Age (das sich vordergründig vehement gegen Descartes wendet, dessen totalisierende Denkform aber ganz und gar beibehält). Auch diese Gegenkonzeptionen haben allesamt Einheitsmodelle und Einheits-Utopien im Sinn. „One fits all."

Die wissenschaftlichen und künstlerischen Revolutionen des 20. Jahrhunderts: der Bruch mit der Neuzeit

Demgegenüber ist als zweiter Typ von Moderne nun derjenige darzustellen, der diese neuzeitliche Moderne im Kern kritisiert und verabschiedet hat. Das ist erst im 20. Jahrhundert und just dort geschehen, wo es vielleicht am wenigsten zu erwarten war, wo es aber, wenn es geschah, die größte Durchschlagskraft gewinnen mußte: in der Wissenschaft, in der mathematischen Naturwissenschaft, im Leitmedium der Neuzeit selbst. Durch die sogenannte 'Grundlagenkrise' (Relativitätstheorie Einsteins, Unschärferelation Heisenbergs, Unvollständigkeitssatz Gödels) hat die Wissenschaft selbst erkannt und zu lehren begonnen, daß der Wirklichkeit nicht mit Totalitätsansprüchen, sondern nur mit pluralen Modellen und situationsspezifizierten Theorien beizukommen ist. Die Wirklichkeit ist nicht homogen, sondern heterogen, nicht harmonisch, sondern dramatisch, nicht einheitlich, sondern divers strukturiert. Sie hat sozusagen ein postmodernes Design. Daß dies von der Wissenschaft gezeigt wurde, hat die Verabschiedung der alten Totalitätsobsessionen verbindlich gemacht.

Ein übriges haben in den Anfangsjahrzehnten dieses Jahrhunderts die Künste getan. Ihre Aufsplitterung des Kunstbegriffs in eine Vielfalt unterschiedlichster Paradigmen und ungeahnter Experimente agierte die Pluralität, die durch die wissenschaftliche Grundlagenkrise offensichtlich und akzeptabel geworden war, produktiv aus.

Die Postmoderne ist dann nichts anderes als die konsequente Fortsetzung und Radikalisierung dieser in der Moderne des 20. Jahrhunderts begonnenen Kritik des Neuzeitprojekts und seiner Totalitätsobsession. Die Postmoderne ist nicht eine Erfindung von Träumern, sondern eine engagierte Folge dieser wissenschaftlichen und künstlerischen Revision. Einer ihrer wichtigsten Denker, Lyotard, sagt denn auch zu Recht, die wissenschaftlichen und künstlerischen Avantgarden vom Beginn dieses Jahrhunderts hätten die Postmoderne, wie er sie versteht, bereits antizipiert.[6] Die Kritik und Verabschiedung der Moderne durch die Postmoderne gilt nicht der Moderne generell, nicht all den verschiedenen Modernen, sondern allein der Neuzeit – dem Geist der Neuzeit als dem Geist der großen Einheitskonzepte. Mit der 'harten' wissenschaftlichen und der 'experimentellen' künstlerischen Moderne unseres Jahrhunderts hingegen kongruiert die Postmoderne. Im Blick auf sie ist sie geradezu radikal-modern und alles andere als anti-modern zu nennen. Mit *dieser* Moderne ist sie eins, deren Errungenschaften setzt sie fort. Daher spreche ich von 'unserer postmodernen Moderne' und meine damit, daß wir zwar noch in der Moderne leben, daß wir deren heutige Gestalt aber genau dann realisieren, wenn wir den Tendenzen Rechnung tragen, die man sich inzwischen – wie wenig glücklich auch immer – als 'postmodern' zu bezeichnen angewöhnt hat.[7]

Der neuzeitliche Geist der 'modernen' Architektur

Die These

Nachdem ich aus dem Spektrum geschichtlicher Moderne-Konzepte zuerst das prinzipiell uniforme der Neuzeit und nun das prinzipiell plurale der im frühen 20. Jahrhundert gegen diese Neuzeit zum Durchbruch gelangten Moderne detaillierter vorgestellt habe, komme ich nun – endlich, wird mancher vielleicht denken – zur modernen Architektur. Meine These hinsichtlich der Modernität dieser Architektur lautet, vorab gesagt: Die moderne Architektur ist eigentlich gebauter Cartesianismus. Vielleicht ist das nach allem Ausgeführten nicht völlig überraschend. Gleichwohl werde ich diese These im einzelnen belegen müssen. Ich versuche sie zunächst plausibel zu machen, indem ich auf eine Stelle bei Descartes eingehe. Es handelt sich um eine Passage, in der Descartes – ich übertreibe allenfalls leicht – ein Programm des Bauhauses entwirft.

Ahnherr Descartes

Descartes bedient sich der Metapher der Stadt.[8] Die alten, die im Lauf der Geschichte gewachsenen Städte, sagt er, taugen nicht viel. Ihre Anlage war unüberlegt, das meiste blieb dem Zufall überlassen; im einzelnen geriet vieles krumm und im ganzen alles unproportioniert. Gewiß: Es findet sich auch manch schönes Haus darunter, aber das Ganze, die Stadt, ist verkorkst.
Und dann entwickelt Descartes seine Gegen-Vision: Wie anders, sagt er, verhält es sich mit jenen Städten, die ein Ingenieur nach freiem Entwurf auf freiem Feld errichtet, wo er alles nach einheitlichem Maß proportioniert und im ganzen perfekt ordnet. Die Stadt-Metapher steht bei Descartes für die neue Wissenschaft. So, wie diese Traumstadt, so soll schon bald die neue Wissenschaft und dereinst die ganze Welt werden. Das Vergangene bloß umzubauen oder zu verbessern, hat keinen Sinn. Man muß nach eigener Ordnung von vorne beginnen und alles neu schaffen.
Inzwischen haben wir jedoch gelernt, neben diesem direkten Sinn der Metapher auch ihren impliziten Sinn, die wahrhafte Kehrseite ihrer verlockenden Vorderseite wahrzunehmen. Visionär war Descartes' Utopie in der Tat – aber in einem einigermaßen grauenvollen Sinn, skizziert er an

der genannten Stelle doch vorab Geist und Methode jener tristen Trabantenstädte, wie sie später vom Märkischen Viertel über Neu-Perlach bis Nanterre entstanden sind und in denen die Misere derartiger Planungseuphorie nackt zutagetrat.
Gewiß könnte man gegen meinen Vergleich einwenden, Descartes' Anspielung beziehe sich direkter auf Planungsformen wie den französischen Garten oder auf barocke Stadtanlagen wie Karlsruhe. Aber in Descartes' Beschreibung fällt signifikanterweise das Moment schon weg, das diese Planungen von der Uniformität der späteren Moderne wesentlich unterschied: die Zentralität mit all ihren symbolischen und realen Konnotationen. Daher ist es berechtigt, aus Descartes' Worten untergründig die Uniformität isotropen Bauens herauszuhören, die zur Konsequenz dieses Konzepts gehört und die in dem Moment rein zutage treten wird, wo sich das Neuzeitdenken restlos durchsetzt, wie das im Internationalen Stil geschieht.
Ich meine in der Tat, daß in der funktionalistischen Architektur, die ich hier als den Leittypus der modernen Architektur nehme (denn zwar war das Spektrum der modernen Architektur anfänglich gewiß breiter; es umfaßte zumindest auch Expressionismus und Konstruktivismus; aber schon im Bauhaus wurde der Expressionismus ausgetrieben und im Internationalen Stil blieb schließlich allein der Funktionalismus übrig und wurde zur weltweiten Leit-Architektur), ich meine also, daß in der funktionalistischen Architektur alle zuvor geschilderten Momente des Neuzeit-Pathos und der Cartesianismus-Ideologie wiederkehren. Dies sei nun im einzelnen belegt.

Neuzeitliche Topoi der modernen Architektur

Da ist erstens die *Radikalität* des Bruchs mit allem Vergangenen und der Wille, alles neu und nach *eigenem* Muster zu gestalten. Hören wir als Beispiel solcher Traditionsnegation Le Corbusier: „Ein großes Zeitalter ist angebrochen. Ein neuer Geist ist in der Welt. [...] Erste Pflicht der Architektur in einer Zeit der Erneuerung ist die Revision der geltenden Werte, die Revision der wesentlichen Elemente des Hauses. [...] Es gilt, die geistigen Voraussetzungen für den Serienbau zu schaffen. Die geistige Voraussetzung für die Herstellung von Häusern im Serienbau. Die geistige Voraussetzung für das Bewohnen von Serienhäusern. Die geistige Voraussetzung für den Entwurf von Serienhäusern."[9] – Man beachte: Die Aufgabe

des Architekten ist es nicht, Häuser zu bauen. Es ist auch nicht seine Aufgabe, Häuser für die Menschen, wie sie sind, zu schaffen. Seine eigentliche und primäre Aufgabe soll vielmehr darin bestehen, den neuen Menschen zu schaffen – auf den die Architekturen, die man zu bauen vorhat, dann passen. (Natürlich zeugt auch Le Corbusiers Plan, das alte Paris abzureißen und durch ein neues zu ersetzen, von solch rabiater Traditionsnegation und neuzeitlichem Gigantismus.)
Ähnlich sprang Walter Gropius mit der Tradition um: Als er 1937 die Leitung der Architektur-Abteilung in Harvard übernahm, ließ er alle Bücher über historische Architektur aus der Bibliothek entfernen.[10] Die Tradition war null und nichtig, man sollte sie nicht einmal mehr studieren können. Epochenbruch, das war der ganz und gar neuzeitliche Geschichtsgestus dieser Moderne.
Freilich war das alles nur auf der Ebene der offiziellen Rhetorik rein durchführbar. Faktisch haben sich auch die Klassiker der Moderne durchaus von früheren Architekturformen inspirieren lassen. Mies van der Rohe scheint mir das Paradebeispiel dafür zu sein. Er hat Schinkels Klassizismus gründlich studiert und oft genug auf das klassische Paradigma von Architektur schlechthin – auf den griechischen Tempel – zurückgegriffen. Nicht von ungefähr bezeichnete er die Doppel-T-Träger als die „dorischen Säulen" der modernen Architektur. Und natürlich ist ein Bau wie die Neue Nationalgalerie in Berlin ein Paradebeispiel solcher Klassizität. Es handelt sich um eine Tempelarchitektur. Und der geheime Rückgriff ist noch in Details nachweisbar. Die leichte Aufbiegung der horizontalen Dachlinie beispielsweise – statisch wie optisch erforderlich – entspricht zentimetergenau der Aufbiegung des Architravs am Parthenon der Athener Akropolis.
Bekanntermaßen gehört auch Universalität zum Pathos dieser modernen Architektur. Durchführbar aber ist diese nur als *Uniformierung*. Es gehört zu den innersten Paradoxien und aufschlußreichsten Phänomenen dieses vorgeblichen Funktionalismus, daß er am Ende – dem Programm entgegen – zu einem superben Formalismus und erschreckenden Uniformismus wurde. 'Funktionalismus' war eigentlich nur ein Deckname, der anderes verbarg. Der Funktionalismus gab vor, sich an den diversen Funktionen zu orientieren, ihnen zu folgen: „form follows function". In Wahrheit aber kam es zum Gegenteil, zu einer dekretorischen Reduzierung und Festsetzung der Funktionen.
Man beanspruchte, alle Vollzüge des Lebens einem einheitlichen Kalkül zu unterwerfen. Vier Funktionen – Wohnen, Arbeiten, Sich erholen, Sich

bewegen; nicht mehr und keine anderen – sollten die „Schlüssel zum Städtebau" bilden.[11] So kann man eben alles einheitlich berechnen – und zweifelt etwa jemand daran, daß die Menschen alle gleich sind? Dabei war schon 1930 von Adolf Behne alles an Kritik Nötige gesagt worden: „Der Zeilenbau will möglichst alles von der Wohnung her lösen und heilen, sicherlich in ernstem Bemühen um den Menschen. Aber faktisch wird der Mensch gerade hier zum Begriff, zur Figur. Der Mensch hat zu wohnen und durch das Wohnen gesund zu werden, und die genaue Wohndiät wird ihm bis ins einzelne vorgeschrieben. Er hat, wenigstens bei den konsequentesten Architekten, gegen Osten zu Bett zu gehen, gegen Westen zu essen und Mutterns Brief zu beantworten, und die Wohnung wird so organisiert, daß er es faktisch gar nicht anders machen kann."[12]

Der Funktionalismus, sagte ich, führt zu Uniformismus. Am Ende werden für ihn de facto alle Funktionen gleich. Man kennt das berühmteste Exempel dafür: den spätesten rein-funktionalistischen Bau auf deutschem Boden, eben die Neue Nationalgalerie in Berlin. Mies van der Rohe zog bei diesem Auftrag den Entwurf für ein Gebäude fürwahr anderen Zwecks aus der Schublade: für das Verwaltungsgebäude der Rumfirma Bacardi in Santiago de Cuba. Ob Musentempel oder Verwaltungsbau, ob Europa oder Karibik – was macht das für einen Unterschied? One fits all – so lautet das innerste Credo dieser vorgeblich modernen, in Wahrheit aber, nämlich ihrem ganzen Geist nach neuzeitlichen Architektur. Und zugleich ist dies der Grund aller ihrer Miseren.[13]

Der Formalismus folgt – dritte Kongruenz mit dem Geist der Neuzeit – einer *geometrisch-mathematischen* Matrix. Man kennt das von Le Corbusier her. Gepriesen werden die einfachen, die primären Formen. Die Rede ist von den „Gesetzen des Universums" und dem „Einklang mit der Weltordnung". Ich meine freilich: Es handelt sich vor allem um einen Einklang mit dem Neuzeitdenken, vielleicht auch nur mit der Ökonomie. Denn schon cartesisch waren die Sinnesqualitäten zugunsten der reinen Formen eliminiert worden. Noch in Linnés – dem Geist nach fürwahr cartesischer – Pflanzen-Klassifikation besaßen die Pflanzen keine Farben, nicht einmal ihre Blüten waren farbig – ein biologischer Nonsense, aber ein signifikantes Dokument dieser Neuzeit-Ideologie. Ebenso setzt die moderne Architektur ganz aufs Intelligible, auf den mathematischen Geist, den Geist der Klarheit und Deutlichkeit, auf den esprit de géometrie, und vergißt darüber den esprit de finesse – nein, schlimmer: Sie diskriminiert diesen, treibt ihn aus.

Daß die moderne Architektur ein Unternehmen der *Weltgestaltung* ist, bedarf keiner weiteren Erläuterung. Sie ist es mehr als jede Architektur zuvor. Mit dem Internationalen Stil macht sie sich daran, weltweit funktionsneutral die gleichen Gebäude zu errichten. Sie setzt sich über alle lokalen, regionalen und kulturellen Eigenheiten mit selbstbewußtem Gestus hinweg. Sie errichtet Signale der Moderne. Sie will die ganze Welt in das Erscheinungsbild ihrer Modernität transformieren.
Auch der letzte definitorische Zug neuzeitlichen Geistes, der *technische*, ist dieser Architektur in der offenkundigsten Weise eingeschrieben. Er wird auch selbstbewußt einbekannt. Das Dreigestirn der modernen Architektur – Le Corbusier, Mies van der Rohe und Gropius – ist sich einig. „Wir haben im Namen des Dampfschiffes, des Flugzeugs und des Autos unsere Stimmen erhoben für Gesundheit, Logik, Kühnheit, Harmonie und Vollkommenheit" – so Le Corbusier.[14] (Wohlgemerkt: nicht im Namen der Menschen, sondern im Namen dieser technischen Geräte; konsequent wird das Haus dann eben als „Wohnmaschine" definiert.[15]) Mies van der Rohe sagt, er wolle „Architektur für eine technologische Gesellschaft" schaffen. Gropius' schließlich plädiert für Kunst und Technik als neue Einheit – so in dem berühmten Vortrag von 1923, der die Weichen des Bauhauses in Richtung Internationaler Stil stellte.
Die Kongruenz von Neuzeitdenken und Geist der modernen Architektur ist evident. Dabei geht es nicht um eine oberflächliche Beeinflussung durch Autoren – etwa darum, wieviel Descartes Mies van der Rohe gelesen habe –, sondern um eine Gleichheit des Geistes, die sich über vielfältigere und untergründigere Prozesse als über buchstäbliche Rezeption herstellt.

Die Einsicht ist schmerzlich – aber sie tut not

Meine Absicht war in alledem keineswegs, ein Schreckensbild der modernen Architektur zu zeichnen. Dafür hat mir diese Architektur zu einer bestimmten Zeit zu viel bedeutet und dafür schätze ich manche ihrer Bauten noch immer zu sehr. Es geht um etwas anderes. Man muß einsehen, daß die beliebte Trennung zwischen den wunderbaren Intentionen dieser modernen Architektur und ihren zum Teil desaströsen Ergebnissen zu bequem und falsch ist. Ein gut Teil der Misere entstammt genau dem geschilderten Ansatz, entstammt dem Neuzeit-Geist dieser Architektur, ist dessen Konsequenz. Diese Einsicht mag weh tun. Aber es hilft nichts:

Man muß sich der Schattenseiten dieser alten Liebe bewußt werden. Nicht der Bauwirtschaftsfunktionalismus und einzelne Verirrungen, sondern die Neuzeitlichkeit dieser Architektur ist Schuld an der Misere. Und nur die völlige Klarheit darüber kann vor einer Wiederholung des gleichen Fehlers – und sei es unter ganz anderen Formen – bewahren.

Die Retardiertheit der modernen Architektur und ihre postmoderne Folge

Zugleich muß man nach allem Ausgeführten auch sagen: Dieser neuzeitliche Status der modernen Architektur ist – im Zeitvergleich betrachtet – erstaunlich und befremdlich. Er bedeutet ja, daß diese Architektur typologisch retardiert, beinahe retrograd war. Während in der Wissenschaft der Geist der Neuzeit gebrochen wurde und während die anderen Künste diesen Bruch ausagierten, kam in der modernen Architektur der Geist der Neuzeit zur Geltung wie nie zuvor. Fast hat man den Eindruck, er habe in dem Moment, da er aus seiner angestammten Sphäre, der Wissenschaft, vertrieben wurde, sich ein anderes Flußbett gesucht und dieses in der Architektur gefunden.

Diese Asynchronizität ist zudem folgenreich. Aus ihr erklärt sich, was andernfalls schwer verständlich wäre: daß der Bruch von Moderne zu Postmoderne nirgendwo so spektakulär erfolgt ist wie in der Architektur. Dies war just eine Folge der Retardiertheit der modernen Architektur. Während die anderen Künste längst eine Moderne der Pluralität betrieben, die sich auf Heterogenes einließ, hatte die sogenannt 'moderne' Architektur noch einmal den antiquiertesten Typus von Modernität, den neuzeitlich-einförmigen aufgegriffen.[16] Daher war der Bruch hier unvermeidlicher als irgendwo anders und fiel drastischer aus als in anderen Sphären. So konnte die Architektur – zumindest für das öffentliche Bewußtsein – zum Paradesektor von Postmodernität werden.

Postmoderne

Ich runde dieses Tableau ab, indem ich zeige, wie die postmoderne Architektur tatsächlich als Versuch verstanden werden kann, dem *Neuzeit*-Diktat der modernen Architektur zu entgehen und ein Äquivalent zur Modernität des *20. Jahrhunderts* auch in der Architektur zu schaffen. Man kann das gleich bei Robert Venturi erkennen. Er plädierte 1966 in

Complexity and Contradiction in Architecture für „eine komplexe und widerspruchsreiche Architektur [...], die von dem Reichtum und der Vieldeutigkeit moderner Lebenserfahrung zehrt"[17], und er berief sich dabei bezeichnenderweise just auf die modernen Wissenschaften und Künste – im Unterschied zur modernen Architektur. „Überall wurde das Prinzip von Vielfalt und Widerspruch anerkannt, nur nicht in der Architektur."[18] – Das entspricht genau der Unterscheidung zwischen einem neuzeitlichen und einem für das 20. Jahrhundert charakteristischen Typus von Modernität.

Ähnlich bezeugen auch Charles Jencks' Kriterium der Doppel- oder Mehrfachkodierung[19] sowie Heinrich Klotz' Postmoderne-Formel „Nicht nur Funktion, sondern auch Fiktion"[20], daß die postmoderne Architektur just die Neuzeitbindung der modernen Architektur überwinden will. – Eine andere Frage ist allerdings, wieweit man imstande war, diese postmodernen Intentionen in der architektonischen Realisation auch einzulösen.

So sehr hier Skepsis angebracht sein mag, so sehr ist freilich auch ein Wort der Kritik gegen eine heute um sich greifende Mode am Platz. Man bekommt gegenwärtig – in Monographien, bei Ausstellungen, in Eröffnungsreden – den Eindruck vermittelt, die moderne Architektur habe in Wahrheit all das, was manche sich von der Postmoderne erwarten oder erhoffen, längst enthalten und eingelöst. Das ist eine grobe retrospektive Illusion. Seitdem unser Bewußtsein postmodern sensibilisiert ist, gibt man der Moderne im nachhinein postmoderne Konturen. Ich möchte das die Methode Geigerzähler nennen: Man betreibt postmoderne Spurensuche mit einem hochempfindlichen Gerät – und vergißt darüber die Megatonnen tauben Gesteins, welche die Hauptmasse der Moderne ausmachen. – Das Verfahren erlebte übrigens seine ironische Zuspitzung, als 1989 eine Sammelbesprechung neuerer Monographien zur Architektur der Moderne unter der Überschrift „Komplexität und Widerspruch" erschien. Erinnert man sich nicht mehr des Protestgeschreis, das Robert Venturis gleichnamiges Manifest 1966 ausgelöst hatte? Galt das damals nicht als Verrat an der Moderne? Inzwischen haben die Liebhaber der Moderne die Formel, die sie einst als Provokation empfanden, schlau als Herzformel des Angegriffenen selbst entdeckt. Das ist das Schema: Innerhalb weniger Jahre schreibt man die Geschichte um, und dann erklärt man den einstigen Provokateuren, ihre Herausforderung sei gar keine, so klug wie sie seien die Altvorderen (und man selbst) immer schon gewesen. – Ein allzu offensichtlicher Etikettenschwindel.

Wider die mathematische Obsession

Abschließend will ich einen anderen Gedanken anschneiden, der das Gesagte zusammenfassen kann und der mir besonders wichtig ist. Es gibt eine Inkommensurabilität zwischen Leben und Mathematik. Im Abendland jedoch besteht seit langem – nicht erst in der Neuzeit – geradezu eine Obsession, alles mathematisch erfassen zu wollen. Dieser Obsession begegnen wir schon bei Platon. Und die Aristotelische Kritik daran hat – wie treffend und schonungslos sie auch war – wenig genützt. Aristoteles zeigte, daß der mathematische Rationalitätstypus für Fragen der Ethik, also Fragen des guten Lebens, gerade nicht einschlägig ist. Denn die Mathematik kennt Einzelnes nur als Fall eines Allgemeinen, für die Ethik aber kommt es gerade auf das Besondere, auf dasjenige Einzelne an, das nicht bloß Fall eines Allgemeinen ist. Daher wird eine Durchführung der Ethik in mathematischem Geist diese systematisch verzeichnen müssen. Das scheint mir analog auch für die Architektur zu gelten.

Wittgenstein

Man kann die Disparität von Mathematik und Leben anhand von Wittgenstein exemplifizieren. Dessen *Tractatus logico-philosophicus* war ein Vollendungsbuch der Neuzeit. Wittgenstein war der Auffassung, alle philosophischen Probleme gelöst zu haben. Zugleich aber deutete sich in diesem Buch die Begrenztheit dieses Neuzeitprojekts an. Denn die Pointe der Schrift lag für Wittgenstein selbst in folgender Einsicht: Wenn man, wie er es in diesem Buch getan hatte, die Insel der wissenschaftlichen Probleme vollständig vermessen hat, dann wird sichtbar, daß die dort lösbaren Probleme mit den Fragen, die uns wirklich bewegen, nichts gemeinsam haben. In einem Brief an den Architekten Paul Engelmann hat Wittgenstein dies mittels der Metaphorik von Insel und Ozean formuliert: Gerade wenn die Konturen der Insel klar sind, wird man des jenseitigen Ozeans der Lebensfragen gewahr, die nicht auf dieser Insel beheimatet und zu lösen sind und die daher nicht in die Kompetenz der Wissenschaft fallen, sondern nur auf anderem Wege ins reine zu bringen sind: durch das Leben selbst.
Da ist die Gegenwendigkeit von Mathematik und Leben auf den Begriff gebracht, ist der neuzeitliche Versuch einer Mathematisierung des Lebens durchbrochen.

Das genannte Problem konzentriert sich bei Wittgenstein selbst noch einmal architektureinschlägig. Denn einmal in seinem Leben war er bekanntlich auch als Architekt tätig. Er hat – zusammen mit Paul Engelmann – eines der konsequentesten Häuser der Moderne errichtet: Wien, Kundmanngasse 19. Dieses Haus entsprach der neuzeitlichen Denkweise, wie sie im *Tractatus* kulminierte. Es ist einer der reinsten Bauten der Moderne. Später aber hat Wittgenstein von diesem Haus etwas sehr Aufschlußreiches gesagt: ihm fehle just das, was große Kunst auszeichne: daß in ihr ein wildes Tier gezähmt sei; dieses Haus besitze nur „gute Manieren."[21] Was man vermisse, sei die Dynamik des Lebens, ein Moment von Chaos, das Tier, das spürbar sein muß – wenn auch als gezähmtes.

Balance zwischen Chaos und Ordnung

Dem wäre, so denke ich, eine Anweisung zu entnehmen: Es kommt nicht auf die Etablierung perfekter Ordnung, sondern auf das Finden einer Balance zwischen Chaos und Ordnung an. – Gewiß ist es richtig, in der Unordnung des Lebens auch Haltepunkte der Ordnung zu schaffen. Aber nicht richtig ist es, daraus das Projekt einer vollständigen Durchplanung, einer Gesamtkonstruktion, der Überführung des Lebens in Mathematik abzuleiten.

Sicherlich wird die Findung einer solchen Balance zwischen Chaos und Ordnung schwierig sein, und sie wird unter verschiedenen Umständen verschieden aussehen und ausfallen müssen. Aber derlei Schwierigkeit müßte eher ein Anreiz, dürfte kein Verwerfungsgrund eines solchen Vorhabens sein.

Die Architektur sollte sich – wie das Leben – zwischen Chaos und Ordnung bewegen, sollte ein solches Doppelprojekt sein, zweiäugig und mit Augenmaß.

Anmerkungen

1 André Breton, Die Manifeste des Surrealismus, Reinbek 1968, S. 42
2 Ebd., S. 47
3 Auch der beliebte Spott, man müsse das Moderne nicht ernst nehmen, denn morgen werde ohnehin etwas anderes modern sein, man müsse also nur ruhig abwarten, dann werde der ganze Modernitäts-Spuk schon von selbst vorbeigehen, beruht auf einer Fehleinschätzung. Es gibt Begriffe, zu deren Struktur es gehört, daß sie sich durch Besetzungswechsel nicht erledigen, sondern bestätigen. Einen Ausdruck wie 'Gast' wird man nicht schon deshalb für unsinnig halten, weil morgen jemand anderer zu Gast sein wird als heute. Ähnlich nüchtern wäre mit dem Terminus 'Moderne' zu verfahren.
4 Vgl. Georg Wilhelm Friedrich Hegel, Vorlesungen über die Geschichte der Philosophie, Bd. II, in: Werke in 20 Bänden, Frankfurt a.M. 1986, Bd. 19, S. 229
5. Max Horkheimer u. Theodor W. Adorno, Dialektik der Aufklärung. Philosophische Fragmente, in: Theodor W. Adorno, Gesammelte Schriften, Bd. 3, Frankfurt a.M. 1984, S. 20
6 Vgl. Jean Francois Lyotard mit anderen, Immaterialität und Postmoderne, Berlin 1985, S. 38
7 Vgl. Wolfgang Welsch, Unsere postmoderne Moderne, Weinheim 1987, 1991
8 René Descartes, Discours de la Méthode – Von der Methode des richtigen Vernunftgebrauchs und der wissenschaftlichen Forschung, französisch-deutsche Ausgabe, übers. u. hrsg. v. Lüder Gäbe, Hamburg 1960, S. 18-21
9 Le Corbusier, Ausblick auf eine Architektur, Braunschweig 1982, S. 24 (Vers une architecture, 1922)
10 Heinrich Klotz, Vision der Moderne, in: ders. (Hrsg.), Vision der Moderne. Das Prinzip Konstruktion, München 1986, S.9–26 hier S. 11. (Der Vorgang wurde bislang nirgendwo überzeugend dementiert.) Der Akt ist erschreckend. Emigriert aus einem Land, in dem mißliebige Bücher verbrannt wurden, läßt der Emigrant unerwünschte Bücher lautlos entfernen. Der Effekt ist der gleiche, die Unduldsamkeit auch.
11 Charta von Athen, 1933, S. 77
12 Adolf Behne, „Dammerstock", in: Die Form, 6. Jg., Heft 6, 1930 (zit. nach: Tendenzen der Zwanziger Jahre, Ausstellungskatalog Berlin 1977, Teil 2, S. 125, 126)
13 Insgeheim siegt sogar die verschwiegene Orientierung an der Antike gegenüber der offiziellen Ideologie: Die Nationalgalerie ist als sich selbst zelebrierendes Bauwerk, als Tempel, ein Juwel; funktional hingegen, als Museumsbau, havariert sie am Rande der Katastrophe.
14 Le Corbusier, Ausblick auf eine Architektur, a.a.O., S. 33
15 Ebd., S. 23
16 Wo wäre beispielsweise eine kubistische Architektur oder eine Collage-Architektur, die mit den gleichzeitigen Experimenten des Kubismus oder der Dadaisten vergleichbar wäre? – Sigfried Giedion hat 1941 glauben machen wollen, die modernen Architekten hätten in Kenntnis der wissenschaftlichen und künstlerischen Entdeckungen um 1910 (insbesondere der Relativitätstheorie und des Kubismus) ein architektonisches Äquivalent zu diesen Entdeckungen zu schaffen versucht. Das gelte insbesondere für „die Generation Le Corbusiers, Gropius', Mies van der Rohes" (Sigfried Giedion, Raum, Zeit, Architektur. Die Entstehung einer neuen Tradition, Zürich u. München 1976, S. 313). – Sokratis Georgiadis hat nachgewiesen, wie unhaltbar diese Konstruktion ist. Giedions Kronzeuge Le Corbusier beispielsweise hatte 1918 gemeinsam mit Ozenfant unter dem Titel Après le cubisme eine

scharfe Poemik gegen den Kubismus verfaßt. Der kubistische Versuch einer Übertragung der vierten Dimension auf die Malerei sei eine schlichte Absurdität, eine „Hypothese jenseits aller plastischen Realität" ohne „materiellen Kontakt zur realen Welt", für die Architektur könne dergleichen keinesfalls in Frage kommen (vgl. Sokratis Georgiadis, „Von der Malerei zur Architektur. Sigfried Giedions 'Raum-Zeit-Konzeption'", in: Sigfried Giedion 1888-1968. Der Entwurf einer modernen Tradition, Zürich 1989, S. 105–117, hier S. 106–109).

17 Robert Venturi, Complexity and Contradiction in Architecture, New York 1966; dt. Komplexität und Widerspruch in der Architektur, hrsg. v. Heinrich Klotz, Braunschweig 1978, 23; Auszüge in: Wege aus der Moderne. Schlüsseltexte der Postmoderne-Diskussion, hrsg. v. Wolfgang Welsch, Weinheim 1988, S. 79-84, hier S. 79

18 Ebd.

19 Die „Diskontinuität der Geschmackskulturen ist es, die sowohl die theoretische Basis als auch die 'Doppelkodierung' der Postmoderne erzeugt." Ein postmodernes Gebäude spricht, um eine kurze Definition zu geben, zumindest zwei Bevölkerungsschichten gleichzeitig an: Architekten und eine engagierte Minderheit, die sich um spezifisch architektonische Probleme kümmert, sowie die breite Öffentlichkeit oder die Bewohner am Ort, die sich mit Fragen des Komforts, der traditionellen Bauweise und ihrer Art zu leben befassen. „Daher die Doppelkodierung, die Architektur, welche die Elite und den Mann auf der Straße anspricht." (Charles Jencks, Die Sprache der postmodernen Architektur. Die Entstehung einer alternativen Tradition Stuttgart 1980, S. 6 u. 8; Auszüge in: Wege aus der Moderne, a.a.O., S. 85–94, hier S. 85 u. 88.)

20 Heinrich Klotz, Moderne und Postmoderne. Architektur der Gegenwart 1960-1980, Braunschweig – Wiesbaden 1984, S. 423; Auszüge in: Wege aus der Moderne, a.a.O., S. 99–109, hier S. 108.

21 Ludwig Wittgenstein, Vermischte Bemerkungen, Frankfurt a.M. 1987, S. 77

Gerrit Confurius
Die wilden Jahre

Ein erheblicher Teil der Fläche unserer Städte ist besetzt von Gebäuden aus der Zeit zwischen den vierziger und den achtziger Jahren und geprägt von den Planungskonzeptionen jener Zeit. Die historischen Innenstädte und ihre Stadterweiterungen aus der Gründerzeit sind von einer dicken Schicht zähen Breis umgeben, durch die sich der Ankommende hindurchfressen muß und die den Abreisenden daran hindert, sie zu verlassen. Wenn man, vom Zentrum her kommend, diese endlosen Randzonen durchquert, kommt man nicht umhin festzustellen, daß der Städtebau aus dieser Zeit durchweg der Qualität entbehrt und kontinuierlich minderwertiger geworden ist. Man wird mit zunehmender Entfernung vom Zentrum Zeuge einer kulturellen Entropie. Das Gebaute und Geplante wird zum ausgefransten Rand hin immer dürftiger, unbeständiger, banaler, kälter. Die städtische Kontinuität löst sich mehr und mehr auf, das bauhistorische Gedächtnis wird immer lückenhafter, bis zur totalen Amnesie und Aphasie. Man durchreist eine Zone des Schweigens. Es liegt nahe anzunehmen, daß wir es bei dieser defizitären Entwicklung mit einem abnehmenden Interesse an der städtebaulichen und architektonischen Qualität der wachsenden Städte zu tun haben und mit einer epidemischen Unfähigkeit, größere Einheiten zu gestalten, mit einer allgemeinen Regression der Wahrnehmung und einer Verkümmerung der Gestaltungskraft. Das Flächenwachstum der Städte scheint sich ohne jede erkennbare übergeordnete Konzeption vollzogen zu haben. Zu erheblichen Teilen hat es auch tatsächlich an der Einsicht gemangelt, daß sich städtisches Wachstum nicht ohne Aufbietung aller Mittel der Lenkung und nur unter Einsatz aller verfügbaren Kompetenzen ereignen darf. Noch viel schrecklicher aber ist es, wenn man erkennen muß, daß dies keineswegs mit links gemacht ist, daß es vielmehr gar nicht an Konzeptionen und Ehrgeiz gefehlt hat, ja, daß diese Zonen das Ergebnis hochfahrender Verbesserungsideen, gar das Werk profaner Erlösungsbewegungen sind.
Die Ränder der Städte sind nicht mißglückt, sondern die optimale Umsetzung der Idee, derzufolge man die herkömmliche Stadt den differenzier-

ter gewordenen Bedürfnissen einer sich entwickelnden Menschheit angepaßt zu haben meinte. Dieses Pathos muß man sich vor Augen halten, wenn man diese Slums durchquert. Als sie entstanden, hatte man das Paradies vor Augen, glaubte man, alles bisher Gebaute übertreffen zu können. Man hatte der Gesellschaft Krankheit attestiert und meinte nun, im Besitz des Rezeptes für eine gründliche Heilung zu sein. Die Ränder fast sämtlicher deutscher Städte sind das Experimentierfeld für Planungskonzepte im Namen der Moderne. An dem, was diese hier angerichtet haben, muß sich die Moderne als Konzept der Stadtplanung messen lassen.

In der Nachkriegsepoche hat man nichts den alten Städten auch nur annähernd Vergleichbares zustandegebracht. Sie sind bis heute städtebaulich unerreichte Vorbilder geblieben. Dabei hatten es unsere Vorfahren nicht leichter, wie vielfach entschuldigend behauptet wird, sondern eher schwerer. Es ist nicht recht einzusehen, daß es uns Lebenden nicht mehr gelingen soll, eine ebenbürtige Leistung zu vollbringen und die Stadt zeitgemäß fortzuführen.

Die europäische Stadt zählt zu den größten Erlebnissen, die ein Leben zu bieten hat und ist zweifellos eine der größten, wenn nicht die größte Kulturleistung überhaupt. Die allgemeine Achtlosigkeit im Umgang mit ihr und die gigantischen, Hunderte von Quadratkilometern verwüstenden Fehlleistungen lassen auf ein erschreckendes Bildungsdefizit bei all denen schließen, die technisch und politisch über Abreißen und Bauen entscheiden und am Städtewachstum beteiligt sind.

Man entschuldigt die Minderwertigkeit des Wiederaufbaus, wenn sie denn überhaupt eingeräumt wird, gern mit dem damaligen Mangel an Zeit und Geld. In Wahrheit wurden, ebenso wie im Falle der späteren Trabantensiedlungen, Konzepte realisiert, von denen man überzeugt war, die beinah konkurrenzlos waren. Man spricht gern vom Versagen der Steuerungsmechanismen in städtischen Ballungsgebieten. Was geschieht, scheint unlenkbar. Qualitätsmängel im Städtebau gelten als unvermeidbare Folge einer Überforderung. Tatsächlich handelt es sich schlicht um das Banausentum derer, denen man das Lenken und Steuern überläßt. Gern wird auch der demokratischen Verfassung die Schuld gegeben, als handle es sich bei diesbezüglichen Entscheidungen um demokratische Prozesse. Tatsächlich geht es bei ihnen alles andere als demokratisch zu.

Dies sind Planer-Mythen. Freilich muß man bedenken, daß in unserem Jahrhundert Städtebau ein Zusammenwirken vieler ist, daß in nicht unerheblichem Maße auch Laien für Städtebau verantwortlich sind, ja eine große Zahl von Menschen, die noch nicht einmal wissen, daß sie bei der Raumgestaltung eine Rolle spielen, daß sie darüber mitentscheiden, welche Gestalt der Raum erhält und ob dieser ansehnlich und attraktiv ist und ob man in ihm leben kann.

Die zahllosen Laien, die nicht nur bauen, sondern auch städtebaulich involviert sind, sind von den Bautraditionen im Stich gelassen. Jahrhundertelang haben sich in der Architektur in einer Art architektonischem Darwinismus Formen herausgebildet und als bewährte gehalten. Sie haben sich über die Zeit hinweg kaum gewandelt, in noch geringerem Maße als Institutionen und Lebensweisen. Viollet-le-Duc war einer der vielen, die auf diesen Umstand hingewiesen und ihn für Wert erachtet haben, ihm in einer Architekturtheorie gerecht zu werden. Nicht viel anders verhält es sich mit dem Städtebau. Auch seine Muster und Praktiken haben sich sehr langsam entwickelt und sich dann als sehr haltbar erwiesen. Gewaltsame Veränderungen mit Berufung auf angeblich veränderte Bedürfnisse verkennen die eminente Bedeutung der Permanenz urbaner Strukturen. Die Hinterlassenschaft der städtebaulichen Moderne ist ein monumentales Dokument solcher unnötigen Gewalt. Für so höchst fragwürdige Errungenschaften wie Zeilenbau mit fließendem Raum, planmäßige Auflockerung überbelegter Gebiete und wenig später folgende „urbane" Nachverdichtung, freischwingender Raum zwischen spannungsvoll gruppierten Baumassen, unbetretbares Abstandsgrün, das Sichhinwegsetzen über bestehende Grundstücksgrenzen und Straßentrassen und vor allem die Fetischisierung des individuellen Nahverkehrs -, wobei man sich nicht scheute, die autogerechte Stadt auch als die „organische" zu bezeichnen -, hat man ohne Bedenken die gesamte Baugeschichte über Bord geworfen. Wie immer man sich diese grandiose Vermessenheit soziologisch oder psychologisch erklären mag, so bleibt doch unbegreiflich, wie das möglich war, da man doch in der Stadt als schier unerschöpfliches Reservoir an formalen Lösungen die positiven Vorbilder ständig vor Augen hatte. Statt nur einmal hinzuschauen, pflegte man die fixe Idee, die Grenze zwischen Stadt und Natur aufzuheben und die Natur als den Kontext zu begreifen, in dem die Stadt situiert sei. Statt die Nähe und sinnreiche Anordnung der Teile innerhalb der Stadt zu genießen, verstieg man sich zu Vorstellungen immer schnellerer Möglichkeiten, räumliche Distanzen zu überwinden, begeisterte man sich in infantiler Regression für das Tempo der motorisierten Bewegung zwischen den Knotenpunkten von Rastern und Clustern.

Architekten des 18. Jahrhunderts dachten und planten Architektur zusammen mit Straßen und Plätzen. Beide bilden eine Einheit, sind als Gegenstand des Interessses und Ziel der Arbeit unlösbar miteinander verbunden. Moderne Architektur ist sich der Raumdimension nicht bewußt, sucht sich im Gegenteil vom Raum zu emanzipieren. Die Bebauung zerfällt in einzelne Gebäude, architektonische Individuen, Solitäre. Der Raum um das einzelne Gebäude ist eine homogene Umgebung, als wäre sie unbebaut. Ob bereits Strukturen vorhanden sind oder nicht, spielt keine Rolle. Gerade jene kompakte Einheit aus Gebäuden und Straßen war es, gegen welche die Moderne sich auflehnte. Die Architekten scheinen den öffentlichen Raum aufgegeben und sich in die private Sphäre zurückgezogen zu haben. Die Vergötzung des Autoverkehrs ist die notwendige Kompensation dieser neurotischen Reaktion auf die Stadt. In der Propaganda-Rhetorik gegen jegliche Fetischisierung wetternd, haben sie doch den Fetisch Auto aufgerichtet, von dessen Verehrung sie so viel sich versprachen.

In einer toskanischen Kleinstadt kann man die Straßen und Plätze ungestört bewundern. Wenn wir dies aber in London, Paris oder Berlin tun wollten, liefen wir Gefahr, ja könnten wir sicher sein, überfahren zu werden. Alle übrigen modernen Passanten wären der Meinung, das geschehe uns recht. Die hierin liegende Dummheit einmal außer acht gelassen, ist doch städtebaulich eine Straße solange nicht existent, solange man sie und ihre Schönheit nicht wahrnehmen kann. Einen im architektonischen und städtebaulichen Sinne nicht existierenden Straßenraum muß man auch nicht gestalten. Zumindest darin behielt die Moderne recht. Auch von einem öffentlichen Nahverkehr, der im allgemeinen völlig unzureichend und im einzelnen eine Zumutung ist, muß man nicht erwarten, daß er sich architektonisch und städtebaulich selbstbewußt in Szene setzt, wie im 19. Jahrhundert die Stadtbahnen dies mit Gewinn für das Stadtbild taten, indem sie die Teile der Stadt miteinander verknüpften.

Die Moderne hatte überhaupt kein rechtes Verhältnis zur Stadt. Ihre Vertreter standen mit ihr auf Kriegsfuß. Le Corbusiers Horror vor dem sozialen Gewimmel auf Straßen und Plätzen ist symptomatisch. Wahrscheinlich hatte er auch Angst vor Ansteckung und eine Schmutzphobie, die sich dann bestens mit der Schimmelphobie der Deutschen nach dem Krieg vertragen sollte. Er wollte in der freien Natur leben und lieber als in der Stadt noch in einem Kloster, das dann Stützpunkt für die moralischen Säuberungsaktionen mittels weißer Farbe und großen leeren Zwischenräumen wäre.

Die Moderne bekam auch zunächst keine Gelegenheit, sich innerhalb der bestehenden Institutionen akademisch zu etablieren und mußte sich in der Provinz konsolidieren und vom Rand her auf die Stadt agieren. Jenseits der Grenzen der Stadt als wohlgeformtes Gebilde durften die Modernen ihre Vorstellungen erproben. Die Bomben des Zweiten Weltkriegs haben ihnen dann allerdings auch den Weg in die Städte hinein geebnet. Was sie dann dort, etwa in Hannover, angerichtet haben, sieht aus wie die böse Rache für das anfängliche gesunde Unverständnis, das man ihnen entgegenbrachte. Hilberseimers Plan für Chicago oder Le Corbusiers Plan Voisin für Paris sind in der frösteln machenden Mischung aus Verklemmtheit und Größenwahn freilich auch als Racheakte nicht zu begreifen, geschweige denn zu rechtfertigen. Auch Lods' Pläne für Mainz, die von Grund für Mannheim, von Pingusson für Saarbrücken, von Scharoun für Berlin sind davon nicht frei.

Daß in Deutschland die Modernisierung auf den fruchtbarsten Boden fiel, ist sicher alles andere als Zufall. Seit der Kaiserzeit, zumindest seit dem Ersten Weltkrieg, ist auf vielen Gebieten der Sinn für Kontinuität verloren gegangen. Die Geschichte von Architektur und Städtebau ist der fortwährende Zyklus von mehr oder weniger absichtlichem Verfall, Abriß und Neubau. Bauen und Planung werden, wie auch andere Bereiche der Kultur, bestimmt von der Absage an das Bestehende und Ererbte und von der Aufgabe des Überkommenden, von Abbrechen, Vergessen und Verdrängen. Diese neurotische Disposition der Deutschen für Modernität, die in einem Jahrzehnte währenden und sich in wilden Zerstörungsorgien austobendem Haß auf die Stadt gipfelte, scheint erst in den letzten Jahren allmählich abzuklingen.

Die Moderne manifestiert sich in städtebaulicher Hinsicht beinah überall, ragt fast immer ins Bild hinein, drängt sich auf, macht sich breit, verletzt die Maßstäbe, vor allem an den Rändern. Vom Zentrum aus gesehen, wird die Stadt zu den Rändern hin immer schwächer, dünner, ausgefranster. Aber man nimmt die Erinnerung an die Stadt mit, sie hält eine Weile als Vorbild und Maßstab vor, als Kraft zum Wegsehen. Wenn man von außen kommt, dann weicht die Stadt vor einem immer weiter zurück, sie geht in Deckung, macht sich rar. Eine quälend lange Strecke lang muß man befürchten, daß sie gar nicht mehr existiert. Sie ist nicht mehr da, und keiner hat es bemerkt. An ihre Stelle sind Surrogate getreten, Vertröstungen, Prothesen...

Die Stadterweiterungen sind ein Museum, in dem man gnadenlos vorgeführt bekommt, was sich der Moderne verpflichtete Planer in den vergangenen fünfzig Jahren gedacht haben. Hier an den Rändern entspricht die Stadt dem Begriff, den die Moderne von ihr hatte, ist Agglomeration. Diese legt sich um die Stadt wie ein Würgegriff, lastet auf ihr wie eine Betäubung, ein Alp, so daß sie empfindlich geschwächt im Verkehr erstickt und in der Weite verkümmert.

In dichtem Verkehr quält man sich durch den zerstörten Raum der neuen Vorstädte, der sich aus isolierten, wie zufällig nebeneinander gestellten Objekten zusammensetzt. Vergeblich sucht man nach etwas, das auch nur entfernt an vertraute städtische Strukturen erinnert. Sichtbeziehungen, Gebäudeklassen, Fluchtlinien, Traufhöhen, Geschoßhöhen, Raumbegrenzungen, Konturen. Hochhäuser, die von der Straßenflucht zurückspringen, stehen neben Baracken oder brachliegenden Grundstükken, die mit Wohnwagen vollgestellt sind oder einfach als Schrottplatz dienen. Man möchte an dem messen, was die innerstädtischen Bereiche auszeichnet und was sich beim Hinausfahren schleichend auflöst, denn diese Unordnung gewinnt keine eigene Qualität. Wie weit ist dies entfernt von der Stummfilm-Poesie alter Vorstädte, den verrußten Industrieanlagen, Eisenbahnbrücken, Reklamebildern auf Brandmauern. Es gibt nirgendwo eine konsistente, gewachsene Substanz, die einzelne Fremdkörper und Wunden ohne größeren Schaden verkraften könnte. Es gibt nur die Summe aus lauter Störungen, Entgleisungen, Wucherungen, so daß man allmählich jeden Maßstab und jede Hoffnung auf Bilder verliert und resigniert jeden ästhetischen Anspruch aufgibt. Die Architektur zeigt keinerlei Verantwortung für die jeweilige Umgebung und keinerlei Bewußtsein für die Zwischenräume. Man hat ohne Konzept Volumina hingesetzt, unfähig, räumliche Beziehungen wahrzunehmen oder herzustellen, Räume zu respektieren oder zu definieren. Konstitution von Räumen ist oft nicht einmal auf der elemarsten, primitivsten Ebene vorhanden.

Da das hergebrachte Vokabular zur Beschreibung von Stadträumen und Architektur versagt, kann man sich hier nur noch der liederlichen Sprache der Planer bedienen, die statt von Boulevards und Plätzen von Verkehrsanbindung, Gewerbezone oder Grünbereich reden. Wo wären hier wohl städtische Gewohnheiten zu entfalten. Wo könnte man hier schlendern, Kaffee trinken, sich in einem schönen Hauseingang unterstellen, während man bei Regen auf den Bus wartet, eine Zeitung kaufen, sich verabreden, essen gehen. Monströse Gewerbekomplexe wechseln ab mit kleinen Wohnhäusern. Zeilen stehen quer zur Straße und setzen dabei die Wohnungen dem Lärm und Gestank schutzlos aus. Wohntürme und -gebirge, die sich in der Mitte des durch Autobahnen ausgeschnittenen Geländes ängstlich zusammendrängen, sollen durch eilig aufgeschüttete Erdwälle wenigstens symbolisch vor Lärm geschützt werden. Unterführungen sind mit Betonwänden ausgekleidet, die teilweise so hoch aufragen, daß man an Stammheim denken muß.

Zum Ausgleich für Lieblosigkeit und Armseligkeit, Öde und Brutalität gibt es den Gefühlsersatz nebenan. Die Kälte der Moderne wird mit Heimatattrappen und Billigexotik gemildert. Man spekuliert auf das, was frustrierte Emotionen, gestaute Instinkte sich andrehen lassen, auf blinde Abwehrmechanik. Die von den vorhandenen Objekten abgetrennten Affekte richten sich auf etwas, das nicht da ist, vage bleibt und eine Entwicklung der Affektivität verhindert. Vor der Kneipe sitzen Männer mit gelben Unterhemden, langen Lederhosen und Kampfhunden, Kettchen um Arm und Hals, das Auto mit so viel Zubehör wie irgend möglich am Straßenrand wie das Pferd vor dem Saloon. Die Gäste kommen und fahren mit aufgedrehtem Autoradio. Beim Anfahren müssen unbedingt die Reifen quietschen. Viele scheinen ihren Lebensinhalt darin zu finden, mit dem Auto oder Motorrad bis zur nächsten Ampel auf Höchstgeschwindigkeit zu kommen. Kristallisierte Lebensformen sind hier so schwach, so wenig selbstbewußt, daß man vor provozierendem Lärm und primitiven Machtdemonstrationen nirgends sicher ist. Noch bedrohlicher als die Auflösungserscheinungen ist der Umstand, daß Verwahrlosung selbst sich als militante Ordnung präsentiert. Die Gesellschaft gibt sich homogen. Es herrscht ein Chaos, das sich als Ordnung mißversteht, eine Verelendung, die sich als Überlegenheit in Szene setzt, und die Verwahrlosung tut dem Geschäft keinen Abbruch, sie ist das Geschäft. Man sucht das schnelle Geld. Man steigt ein in eine Branche, um nach einem Anfangserfolg wieder auszusteigen. Dem Gebrauchtwagenhändler und dem Schrottplatz folgen Taekwon-Do, Karate-Club, Solarium oder Bräunungscenter, Fitness-Studio, Video-Verleih, Computer-Shop, Wohnmobil-Verleih, „Girls-Girls". In der Differenz zwischen Innenstadt und Vorstadt manifestiert sich eine neue Polarisierung. Im Unterschied zur Innenstadt ist die Peripherie eine Welt der minderen Dienstleistungen, von zweitrangigen und dennoch einen Aufstieg erlebenden Wirtschafts-

sektoren, eine Welt stilloser Formen der Ansammlung von Wohlstand und Macht.
Auf dem Abstandsgrün macht einer mit dröhnendem Radio einen Ölwechsel, ein anderer repariert die Hupe, indem er fortwährend hupt. Belästigungen in einem dürftigen Niemandsland. Hier, in dem unreglementierten Raum einer Wiese, machen sich einige wenige breit. In einem Park, wenngleich er dem Verhalten Einschränkungen auferlegte, wäre für die vielen Platz. Der Wohnwagen ist das Symbol dieser Randzonen. Wo man auch hinsieht, ein Wohnmobil ist fast immer mit im Bild. Man lebt provisorisch, immer bereit zur Flucht. Es fehlt Stabilität. Nirgendwo wird das Gefühl vermittelt, daß etwas für die Dauer sei, mit Zukunft, daß man beschlossen hätte zu bleiben.

Wo man mit Kosmetik zu verschönern sucht, ist auf den ersten Blick schon deutlich, daß weniger der einzelnen Wohnsituation Rechnung getragen wird, als vielmehr mit gebauter Ideologie Kunden gelockt und mit einem falschen Bild von einem falschen Ganzen dazu verführt werden sollen, angesichts der Wohnungsnot auch in dieser miserablen Gegend Spitzenmieten zu zahlen. An jüngeren Neubauten spürt man den härter werdenden Konkurrenzkampf der Wohnungsbaugesellschaften, der ohne ansprechendes Design und die Einbeziehung des „Wohnumfeldes" nicht mehr zu bestehen ist.
Jedes einzelne Haus läßt die Anstrengung spüren. Und doch sind, gerade wegen dieser Mühe, alle Häuser auf eine hilflose Weise gleich. Die Gärten sind auf sterile Zierflächen reduziert, mit Koniferen und allen Sorten exotischer Nadelgehölze. Menschen sind nicht zu sehen. Man demonstriert die Statusrolle, die man innehat oder anstrebt, ohne ihr gewachsen zu sein, auf stilistisch niedrigem Niveau und mit viel zu hohen Kosten. Der Glaube, daß auf eigenem Grund und Boden jeder sein eigener Herr sei, widersteht der Realität auf fast schon heroische Weise. Die Eigenheimideologie erhält, wenn nebenan die Chemiefabrik ihren Mief verbreitet oder Siemens baut, Züge verbissenen Trotzes. Der Traum vom eigenen Heim ist auch durch Güterbahnhof und Fluglandebahnen nicht zu erschüttern. Aber gegen die permanenten Verunsicherungen werden die kleinbürgerlichen Normen aufgeboten und mit äußerster Rigidität verfochten, obwohl sie vor allem das eigene Leben einschnüren. Soziale Normen, die hier als Kleinkariertheit ungebremst zum Vorschein kommen, schaffen eine Enge, die schon der Besucher spürt. Die Häuser zeigen die Tragikomik aufwendiger Geschmacklosigkeit.

Zwischen einzeln stehenden älteren Häusern breiten sich Grundstücke mit Gartenlauben und Wellblechschuppen aus, die als Gemüsegärten zur Selbstversorgung angelegt wurden und nun als Schrottplätze benutzt werden. Manchmal findet sich beides in Kombination. Am Rande stillgelegter Bahngleise wechseln sich kleine, oft schmucke Einfamilienhäuser mit verlotterten Schrebergärten ab. Dieses ungeordnete Siedeln läßt reichlich Spielraum für den Bastler. Hier findet man den rar gewordenen Platz, alles selber zu machen, auch wenn vieles liegenbleibt. Hier hausen die Unabhängigen in den Nischen einer überreglementierten Zivilisation. Doch wie sehr man auch geneigt wäre, dem gewisse Authentizität zu unterstellen: Der Schein trügt. Auch die vereinzelte Squatter-Idylle krankt an Aushöhlung. Die Großstadt ist gerade in ihrem Zerfall überall anwesend. Sie holt die Siedlung ein, in Form von Schrott und Abfall. Eindringlingen gegenüber ist man feindlich gesonnen. Zur Lederstrumpf-Romantik fehlt die Gelassenheit. Wo ein Fußgänger auftaucht oder ein unbekanntes Nummernschild, recken sich die Hälse aus den Beeten, zeigen sich grimmig Gesichter an den Fenstern, werden die Hunde an den Zaun geschickt.

Wo immer man Infrastruktur nachliefern will, zeigt sich auch bei jüngsten Planungen Unbeholfenheit. Sogenannte Einkaufszentren sind von ausnehmender Häßlichkeit oder so ungeschickt angelegt, daß man kaum hinfindet. Man bekommt kein Gefühl für die Topographie des Ganzen. Wo das dann auch noch für Autos gesperrt und zur Fußgängerzone erklärt wird, man also gezwungen ist, sich die Zeit stehlen zu lassen, werden diese Anlagen vollends zum Ärgernis. In den Läden gibt es niemanden, der Bescheid weiß; jeder entschuldigt sich damit, nur die Vertretung zu sein. So darf man wohl Zweifel hegen, ob der Versuch, mit architektonischer Kosmetik und städtebaulichen Reparaturen die Vorstädte nach dem Bild der Innenstädte zu formen, gelingen kann. Man muß stattdessen befürchten, daß die alten Städte sich immer weiter in der wuchernden Gestaltlosigkeit der heutigen Vorstädte auflösen.

Die Ökologen verstehen auch nichts vom Fach. Sie opponieren gegen jeden Vorschlag baukünstlerischer Nobilitierung. Sie wollen jedes unbebaut und unversiegelt gebliebene Grundstück als Grünfläche erhalten sehen. Die Betonstadt soll ökologisch reorganisiert werden. Die Natur soll schon wieder, diesmal nicht so wie bei Le Corbusier, sondern wie bei Hermann Hesse, die Stadt zurückerobern. Der Heilkraft der Kräuter wird jedenfalls reichlich viel zugetraut. Alle Bemühungen können nichts ändern an der schmerzhaften Banalität der unmittelbaren Konkretion, der schönen neuen Welt nackter Materie.

Alle Kriterien der Kritik versagen, haben ihre Bedeutung verloren, weil die Maßstäbe, an denen etwas sich messen und relativieren ließe, hier selbst aus dem Blick geraten. Von der städtebaulichen Moderne ist nichts übriggeblieben. Die Moderne in diesem engeren Sinne städtebaulicher Neuansätze war vielleicht überhaupt ein Mißverständnis. Ihre Protagonisten sind in eine Falle gelaufen, haben sich selbst mißverstanden. Ihr Snobismus und Dadaismus sind verständlich vor dem Hintergrund der Zeit als ein Sprachspiel einer Künstlergeneration, als Ritual der Planer-Community, als provokatives Ausagieren eines künstlerisch zugespitzten Generationskonfliktes, als Aufbegehren einer Generation im philosophischen Alter, radikal moralisch, pubertär gepeinigt von Streben nach Wahrhaftigkeit. Man suchte die romantische Formulierung, wollte um jeden Preis für den Spießer unverständlich und von keiner Seite vereinnehmbar, eben modern sein.

Man kultivierte im Anschluß an Georg Simmels Typus des Nerven-Menschen, der keines Fetischs und keiner Gefühlsprojektion mehr bedürfe, oder an Valérys M. Teste, der nur noch Zahlen murmelt, ein Askese-Ideal, eine Attitüde intellektuellen Lebens und entwickelte mit primanerhaftem Vergnügen und männerbündischem Ehrgeiz einen entsprechenden Habitus, dem man auch mit dem Zeichenstift zum Ausdruck verhalf, und forderte eine Umgebung, in welcher der Mensch nur in sich selbst spazierengeht, nichts um sich herum sehen und dulden muß, das nicht von ihm selber stammt, bloß zufällig da ist. Der Dandyismus verband sich mit einem die heterogensten Quellen nutzenden Spiritualismus, einer zusammengebastelten Metaphysik, die dem zelebrierten Rationalismus eine interessant düstere Färbung gab, eine Schattierung, Umwölktheit. Man schmückte sich mit einem mondänen Faible für das Dunkle und eiferte darin um die Wette, die Gedankenexperimente möglichst weit in Gefilde hineinzutreiben, die anderen bereits Depressionen oder Magenschmerzen verursachten. Man versuchte sich im Übersteigern von Monotonie bis zum Terror und im Aushalten von Rigidität und Kälte und Disziplinierungsphantasien gegenseitig zu überbieten.

Auch die Idee einer Verwissenschaftlichung der Praxis, des Komponierens und des Entwerfens, die Beobachtung der Natur des eigenen Intellekts, die Anstrengung, alle städtebaulichen Gegebenheiten auf die reine

Objektivität von abstraktem Raum und mechanischer Zeit zu reduzieren, um es nur mit noch mit reinen Objekten zu tun zu haben, ohne Vermischungen mit Subjektivität, Emotionen oder Projektionen, und auf der anderen Seite mit dem reinen Individuum, seiner selbst absolut bewußt und seiner umfassenden, universalen Verantwortung eingedenk, ist von der gleichen ästhetischen Temperatur. Man strebte nach Reinheit bis zur Primitivität, träumte von der Versöhnung zwischen dem Subjekt und dem Absoluten, von einer neuen Harmonie der Welt, wie sie nur im Ursprung war, schiffte sich in Gedanken mit Jules Vernes Romangestalten ein auf imaginäre Reisen durchs Eismeer in eine bisher unentdeckte warme Region. Man hegte die Hoffnung oder Überzeugung, daß man mit einer konsequenten Verfolgung der Prinzipien von Rationalität die endlich wahre Mimesis einer universalen natürlichen Ordnung finden würde, die man immer schon gesucht hatte, aber mit unzulänglichen Mitteln.

Im Falle Hilberseimers, der wohl stärker noch als Le Corbusier Einfluß auf die hier gemeinten Planergenerationen genommen hat, mündete die stilisierte Melancholie in einen Pessimismus der Notwendigkeit und Pflicht. Wenn Gesellschaft und Produktion der Rationalität unterstellt werden sollten, so würde das nicht möglich sein ohne die Anerkennung einer strengen überindividuellen Ordnung und eines Ethos, der den Egoismus des Einzelnen transzendiert, wie bei Alfred Döblins Franz Biberkopf, wenn dieser auch erst, nachdem er viele Niederlagen erlitten und für seine Unbelehrbarkeit einen hohen Preis gezahlt hatte, endlich zur Einsicht kam. Ausdruck dieser Überzeugung sind exzessive Monotonie, grabähnliche Sterilität der Entwürfe. Unter diesem Vorzeichen forderte Hilberseimer, Städtebau so zu verändern, daß er präzisen Regeln folge und monumentale Bilder ohne Theatralität zu finden.
Seine Entwürfe haben dank ihrer archaischen Primitivität die Kraft, dem Unbewußten des in der Großstadt verlorenen Einzelnen Gestalt zu geben, dessen Furcht sichtbar zu machen. Das Unbeherrschbare der sozialen Natur kommt hier in der Form von Rationalität in der rohesten Form zum Ausdruck und findet unmittelbar zu einer Religion des Kollektivs. Eine größere Skepsis gegenüber den Menschen kann man nicht haben. Zugleich wird Architektur als das letzte Ziel einer Wiederentdeckung der genuinen kreativen schöpferischen Kräfte des Künstlers thematisiert, die Befreiung des dionysischen Kunstwollens als das Motiv, die Welt den eigenen Wünschen anzupassen, gefügig zu machen, den Künstler als einen machtvollen und zornigen Gott zu denken. Die Stadt als Wille und Vor-

stellung. Diesen philosophischen Concetto in die städtebauliche Tat umzusetzen, ist ein furchtbares Mißverständnis. Es läßt sich kein größerer Gegensatz denken als der zwischen der künstlerischen Selbstreflexion und der Realisierung in Beton. Aus der Rebellion wird Spießigkeit, aus dem himmelstürmenden Aufbegehren Platitüde, aus Aufklärung Verdrängung, aus Expressivität Sprachlosigkeit.

Daß sich die städtebauliche Moderne so leicht durchsetzen würde, konnte aber auch niemand ahnen. Vielleicht ist dies die Tragik der Avantgarde. Man gestattete widerstandslos eleganter Polemik und literarischen Capricen, den Geschmack in der Architektur zu kontrollieren. Der Pessimismus deutete sich in Optimismus um, alle Probleme lösen zu können. Moderne Kunst auf Rezept. Stadtplanung wurde zur Verheißung, daß Kunst sich in dem Bedürfnis der Massen auflösen und real werden möge und so die asoziale Beschäftigung des Künstlers, die ihn mit einem schlechten Gewissen aufwachen ließ, unversehens legitim würde. Diese Aussicht ließ sie sentimental werden und klagen, daß das Leben, die Welt deprimierend seien und daß die Melancholie vertrieben werden müsse: durch Sport und große breite Fenster und weite Zwischenräume. „Dann sind die Tage nicht länger traurig." Das Licht kann dann ungehindert durch den Raum fließen. Man mag an Jonathan Swifts Satire denken, an die Projektemacher, die in ihre Arbeit vertieft vergessen, was der Alltag fordert, und nicht bemerken, wie ihre Stadt unterdessen zerfällt. Die Moderne hat den Raum für Experimente geöffnet und ihn mit ihren eigenen Produkten gleich wieder verstopft.
Heute trennen sich die Elemente wieder aus ihrer unnötigen Verklammerung, die unerfüllte Utopie einerseits und die Stadt als fortdauerndes Wunder andererseits. Die städtebauliche Moderne wird als Traum wieder entmaterialisiert und historisiert, wieder in ihre Grenzen eingesetzt, aus ihrer Entgrenzung erlöst und wieder erkennbar als das Traumland eines Planer-Anselmus, als Studierzimmerphänomen, als böser Traum vom Kampf mit den Phantomen des Architektenstandes. Die Stadt wird ihrerseits wieder erkennbar als das, was sie ist. Sie ist geradezu definierbar als das, was der Moderne widerstanden hat. Sie ist Inbegriff der Beständigkeit, Permanenz, Haltbarkeit, Dauerhaftigkeit, Widerstandskraft, Belastbarkeit, Veränderbarkeit, Umnutzbarkeit, unveränderter Brauchbarkeit.

Die Städte sind in den vergangenen Jahrzehnten führungslos und richtungslos getrieben, die Probleme haben sich akkumuliert. Sie ersticken im

Verkehr, haben schlechte öffentliche Verkehrsmittel, leiden unter Schadstoffbelastungen, schlechter Luft, es gibt keinen Platz für Kinder, zu wenig und schlechte und zu teure Wohnungen. Die Stadt hat ihren Untergang selbst ausgebrütet in einer Art Depression. Aber die Städte sind auch die Orte, wo Überlebensstrategien entwickelt werden, wo Lösungen gesucht und gefunden werden, wo das kreative Potential konzentriert ist.

Gefahr droht der Stadt nach wie vor hauptsächlich von den Rändern, die sich inzwischen auch mittendrin finden, quer hindurchgehen, nicht nur in Berlin. Speziell die ehemaligen Industrieareale, die mit dem Ende des industriellen Zyklus aufgegeben wurden, werden gegenwärtig Objekt unterschiedlicher Versuche, neue Ansätze zu erproben. Es handelt sich um strategisch wichtige Gebiete, von deren zukünftiger Gestalt und Nutzung viel für die gesamte Stadt abhängen wird. Ziel ist die gleichzeitige Wiederherstellung des architektonischen Environments und die ökonomische Revitalisierung; man will das Geeignete tun, damit die Investoren zurückkommen. Die Rede ist vom Bicocca-Gebiet in Mailand, von Lingotto in Turin, von den London Docklands, von Kop van Zuid in Rotterdam, von der Ij-Achse in Amsterdam, von Barcelonas Olympischem Dorf, von der Expo-Area in Sevilla, Islet in Antwerpen, dem Hafen von Genua, mehreren Brachflächen in Berlin. Man bemüht sich um eine realistische Reaktion auf das, was der Europäische Markt für die Städte mit sich bringt, die sich aus eigener Kraft vermarkten und sich in der Konkurrenz europäischer Standorte einen günstigen Ausgangspunkt zu verschaffen suchen müssen. Unterschiedliche formale Ansätze reichen von der Attitüde staatlicher zentralistischer Planung bis zum Liberalismus der unterschiedlichen Vorstellungen diverser privater Investoren. Gemeinsam sind all diesen Vorhaben der Wert, den man auf die architektonische Behandlung der Projekte legt, das Wiederauftauchen des Architekten und das Auftreten von multinationalen Konzernen als Bauherren mit städtebaulichen Ambitionen.

Insgesamt erinnern die Entwürfe merkwürdig an die dreißiger Jahre. Wie damals träumt man von der Materialisierung eines kraftvollen kollektiven Aktes. In der Tat bietet sich für Architekten noch einmal unerwartet Gelegenheit, in großem Maßstab zu denken und zu gestalten. Den Ideologien gegenüber, die mit der großen Geste aufwarten, darf man getrost skeptisch sein.

Realisierungswettbewerb Britzer Str.

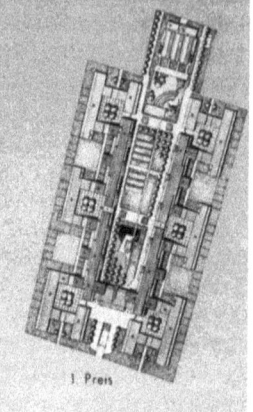

1. Preis

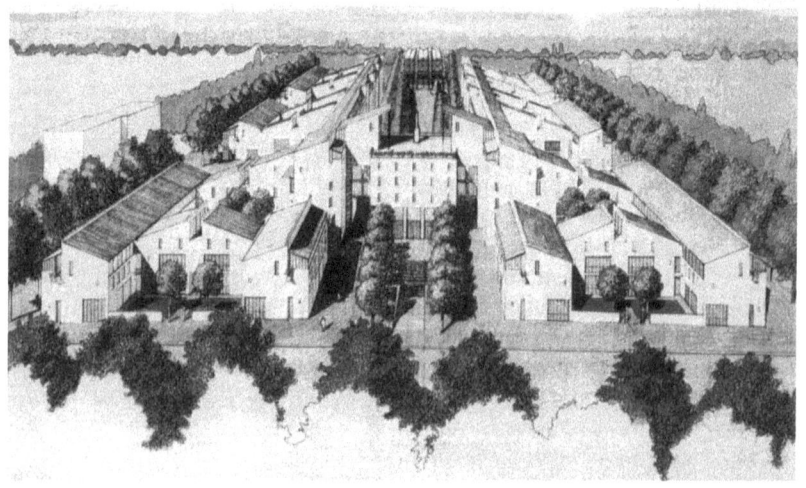

Heidede Becker

Wettbewerbe zum Wohnungsbau – Weichenstellungen für mehr Planungs- und Wohnkultur

Prognosen zu Wohnungsmarkt und Wohnungsbedarf sind mittlerweile Makulatur geworden: Nicht Stagnation oder gar rückläufige Nachfrage kennzeichnen die Lage, auch von Ausgeglichenheit kann nicht die Rede sein; vielmehr sind vor allem die großen Städte mit ungewohnten Wachstumskräften, verschärfter Wohnungsnot und Trends immer schnelleren kulturellen Wandels konfrontiert. Angesichts des zunehmenden sozialen und politischen Drucks wird von vielen befürchtet, daß bei einem weiteren Hochschrauben der Neubauleistungen wieder Versorgungskalküle die Oberhand gewinnen, überholte Standards zugrunde gelegt werden und damit die städtebaulichen Chancen des Wohnungsneubaus – Chancen zur Neuformulierung großstädtischer Wohnqualität, zur Verwirklichung mischgenutzter und verdichteter Stadtquartiere, zur Vitalisierung der städtischen Peripherie – ungenutzt bleiben. Auf der Suche nach architektonischen und städtebaulichen Impulsen für vorbildlichen Wohnungsbau fördern Kommunen verstärkt Wettbewerbs- und Gutachterverfahren – zum Beispiel Berlin, Frankfurt am Main, nordrhein-westfälische Städte vor allem im Rahmen der Internationalen Bauausstellung (IBA) Emscher Park.

Entwerfen in Alternativen

Konkurrenzen, Preisausschreiben, Wettbewerbe dienen traditionell dazu, für gestalterische Aufgaben die jeweils besten Konzepte, Ideen und Entwürfe zu finden. Der Wettstreit zwischen alternativen Lösungen reicht mindestens bis zur Renaissance zurück. Regularien sind aber erst aus Zeiten übermittelt, in denen sich der Berufsstand der Architekten zu konsolidieren begann. Die ersten allgemeinen „Grundsätze für das Verfahren bei öffentlichen Konkurrenzen" wurden 1867 vom Architekten-Verein zu Berlin formuliert und später mehrfach modifiziert. Nach seiner Gründung im Jahr 1903 nahm sich der Bund Deutscher Architekten

(BDA) des Wettbewerbswesens an. 1927 trat eine veränderte Fassung der Wettbewerbsgrundsätze in Kraft. 1934 erließ die Reichskammer der bildenden Künste erneut Wettbewerbsregeln, die im wesentlichen die Grundsätze von 1927 bestätigten. Die ersten Wettbewerbe der Nachkriegszeit orientierten sich an den Vorkriegsregelungen. 1952 wurden zwischen dem Deutschen Städtetag und dem BDA neue „Grundsätze und Richtlinien für Wettbewerbe (GRW) auf dem Gebiet des Bauwesens und des Städtebaus" vereinbart, die nach zähen und konfliktreichen Verhandlungen zur gegenwärtig gültigen Neuordnung des Verfahrens in den „Grundsätzen und Richtlinien zum Wettbewerbswesen" aus dem Jahr 1977 führten.

Wettbewerbe nach den GRW gelten heute als grundsätzlich geeignet, ein hohes gestalterisches Niveau zu erreichen, Transparenz bei der Vergabe von Bauaufträgen zu ermöglichen und eine breitere Öffentlichkeit in die Verfahren einzubeziehen. Kontroversen entzünden sich am Procedere. Das gilt unter anderem für die Auslobungsphase; hier werden häufig bemängelt: unklare und dadurch interpretationsbedürftige Aufgabenstellung, fehlende (politische) Vorgaben, so daß Entscheidungen in Grundsatzfragen den Wettbewerbsteilnehmern und letztlich der Jury überlassen bzw. aufgebürdet werden. Kritik in der Durchführungsphase betrifft vor allem Nichtentscheidungen durch das Preisgericht (wenn mehrere Sieger gekürt werden) und mangelhafte Nachvollziehbarkeit der Juryurteile. Ärgernisse und Konflikte der Umsetzung wie Verwässerung der prämierten Entwürfe, z.B. durch nachträgliche Auflagen des Bauherrn oder gar die Nichtbeauftragung von Preisträgern, erweisen sich oft als Versäumnisse der Wettbewerbsvorbereitung: der fehlenden Bindung von Projektträgern an die Juryentscheidung.

Eine Reihe weiterer Unzulänglichkeiten des Wettbewerbswesens führt zwar zu erheblichen Verbitterungen bei allen möglichen Beteiligten, bleibt aber eher im Graubereich von Vermutung, Kolportage und Gerücht. Dazu zählen Alibiverfahren bei längst getroffenen Vergabeentscheidungen, Opportunismus gegenüber gestalterischen Vorlieben von prominenten Preisrichtern oder Bauherren, heimliche Absprachen und Nötigung, populistische Attitüden und vorauseilende Orientierung an Sachzwängen. Trotz dieser Stolpersteine im Verfahren besteht allgemeiner Konsens darüber, daß mit Ideen- und Realisierungswettbewerben Bau- und Planungskultur gefördert werden kann – um so mehr, je eindeutiger die Anforderungen dem Auslobungstext entnommen werden können.

Die Suche nach zeitgemäßen großstädtischen Wohnformen

„Pluralismus der Lebensstile" und „Postfordismus" sind nur als Etiketten Erfindung von Sozialwissenschaftlern. Sie eignen sich als Stichworte, um Tendenzen des gesellschaftlichen Umbruchs zu kennzeichnen, die sich auch auf Wohnverhalten und Anspruchsniveau hinsichtlich Wohnung, Wohnumfeld und Stadt auswirken. Enge Förderungskonditionen der Wohnungsbaukreditanstalten, Desinteresse von Investoren und Wohnungsbauunternehmen gegenüber gestalterischen Ansprüchen und festgefügte Wohnkonventionen in den Köpfen vieler reduzieren die Wohnungsproduktion noch zu sehr auf unflexible Standardgrundrisse und eher belanglose Gebäudetypen. Experimentelle, unkonventionelle und städtebaulich originelle Lösungen bleiben die Ausnahme.
Wohnen in der isolierten Kleinfamilie entwickelt sich indessen zum „Auslaufmodell". Haushalte mit drei und mehr Personen machen in den Großstädten nicht einmal mehr ein Drittel aus. Der zunehmenden Differenzierung von Lebensstilen entsprechen mannigfaltige Wohnvorstellungen: Wohnen als Dienstleistungsangebot oder selbstverwaltet, Wohnen „durchmöbliert" oder improvisiert, dauerhaft oder temporär, individuell oder gemeinschaftlich, traditionell oder avantgardistisch. Das Wohnungsangebot aber ist weniger vielseitig. Nicht nur Haushalte mit Kindern und junge Erwachsene sondern auch große Teile älterer Menschen möchten unkonventioneller wohnen und leben, als die Gesellschaft ihnen zuzugestehen bereit ist.
Es ist deshalb kein Zufall, daß Diskussionen über den Gebrauchswert von Wohnungen wieder aufleben. Zwei alte Bekannte – Flexibilität und Variabilität – werden reaktiviert, sind aufgrund weiterentwickelter Bausysteme und Haustechniken teilweise heute leichter realisierbar. Altbauübliche Nutzungsqualitäten sollen auch im Neubau wieder geschaffen werden: durch ein Angebot von nichthierarchisierten, funktionsneutralen und damit interpretierbaren Räumen.
Im Zentrum der Diskussionen zum Wohnungsneubau steht die städtebauliche Dimension der Aufgabe: Fragen nach stadt- und sozialverträglicher Massierung und Höhenentwicklung, nach der Verflechtung von Nutzungsstrukturen, nach Ergänzungs- und Verdichtungsmöglichkeiten im Bestand. Ein Bewußtsein davon beginnt sich durchzusetzen, daß die Rückkehr zum funktionsgemischten Stadtquartier Fundament ökologischen Planens zu sein hat und daß ökologische Prinzipien weit mehr umfassen als Brauchwasserspülung, Sonnenkollektoren und Renaturie-

rung. Städtebauliches Dauerthema zum Wohnen bleibt die räumliche Vermittlung zwischen außen und innen, die Gestaltung der Übergänge zwischen öffentlichen, halböffentlichen und privaten Bereichen, zwischen Wohnung, Haus und Stadt.

Zur Tradition von Wohnungsbau-Wettbewerben

Das Mietwohnhaus war lange eher ein Stiefkind von Architekten und Städtebauern. Die (fach)öffentliche Aufmerksamkeit richtete sich stärker auf repräsentative Bauvorhaben und spektakuläre Großprojekte wie Bahnhöfe, Museen, Theater, Kongreßhallen, Rathäuser, Bibliotheken und ähnliches. Albert Gessner beklagte 1909, daß Geringschätzung für diese Bauaufgabe unter den Architekten hauptsächlich wohl deshalb herrsche, „weil es eine Materie ist, die ein hundertfältiges Eingehen auf alle erdenklichen Dinge rein wirtschaftlicher Natur erfordert, wozu es vielfach den künstlerisch fähigen Architekten an Erfahrung fehlt, und denen er in den seltensten Fällen seine Zeit zu opfern gewillt ist". Es seien viele „Gebilde" entstanden, „die von nichts anderem zeugen, als vom Virtuosentum des Zeichnens, aber nicht von einem Durchdringen der Aufgabe im Sinne einer echten, sachlichen, logischen Baukunst" (Das deutsche Miethaus, S.36).
Frühe Wettbewerbe zum Wohnungsbau waren programmatischer Art, zum Beispiel „zur Erlangung von Plänen zu Wohnungen für ostpreussische ländliche Arbeiter" (1900) oder „zur Erlangung von Zeichnungen zu mustergültigen Wohnungseinrichtungen von Arbeitern" (1902). Mehrere Wettbewerbe für Arbeiterhäuser wurden von Bau- und Sparvereinen veranstaltet. In den zwanziger Jahren rückte die einfache Kleinwohnung, die Wohnung für das Existenzminimum in den Vordergrund. Fritz Schumacher berichtete 1929 in seinen Zeitfragen der Architektur über einen von der Beleihungskasse der Stadt Hamburg ausgelobten Wettbewerb für Kleinstwohnungen, bei dem es vor allem darum ging, „die Phantasie der Architektenschaft hinzulenken auf die Fragen der äußersten Ökonomie der architektonischen Disposition".
Um bauliche und städtebauliche Qualität im Wohnungsbau zu gewährleisten, wurden nicht nur Wettbewerbsverfahren durchgeführt; die Städte, Wohnungsbaugesellschaften und -genossenschaften, Bau- und Sparvereine arbeiteten in den zwanziger Jahren auch gezielt mit renommierten Architekten zusammen, wie zum Beispiel in Berlin die Gehag mit

Martin Wagner und Bruno Taut sowie die Gagfah mit Heinrich Tessenow, in Frankfurt am Main die Aktienbaugesellschaft für kleine Wohnungen mit Ernst May und in Hamburg die Allgemeine Deutsche Schiffszimmerer-Genossenschaft und andere mit Fritz Schumacher und Fritz Höger. Nach 1945 versuchten manche Wohnungsbauunternehmen, wieder an diese Traditionen anzuknüpfen – allerdings mit wenig Erfolg.
Zentrales Thema nahezu aller Bauausstellungen im Deutschland des 20. Jahrhunderts war und ist die Entwicklung von architektonisch und städtebaulich beispielhaften Lösungen zur Wohnungsfrage – verbunden mit didaktischen Ambitionen zur Demonstration des „richtigen Wohnens" häufig am Beispiel ausgestellter Musterwohnungen. Exemplarische Wohnhäuser entstanden als bleibende Exponate der Bauausstellungen: die Künstlervillen auf der Mathildenhöhe in Darmstadt (1901/1904/1908), die Gartenvorstadt Marienbrunn in Leipzig (1913), die Weißenhofsiedlung in Stuttgart (1927), die Siedlung Fischtalgrund in Berlin (1928), die Dammerstock-Siedlung in Karlsruhe (1929) mit vorgeschaltetem Wettbewerb, Siedlerhäuser im Rahmen mehrerer Ausstellungen der dreißiger Jahre und im Rahmen der ersten Nachkriegs-Bauausstellung die Constructa-Baublocks in Hannover (1951).
Seit Mitte der achtziger Jahre stehen die Zeichen für Architektur und Städtebau günstiger; denn im Zuge wachsender interkommunaler Konkurrenz erlangen Kultur und Image den Rang sogenannter weicher Standortfaktoren. Gleichzeitig wird die Wohnungsfrage wieder pointiert aufgeworfen. In diesem Zusammenhang bemühen sich die Städte um qualitativ hochwertigen Wohnungsbau zunehmend über die Ausschreibung von Wettbewerben. Im Rahmen des internationalen und eher programmatischen Wettbewerbs Europan waren 1988/1989 junge Architektinnen und Architekten aufgefordert, innovative architektonische Ideen zum Thema „Entwicklung der Lebensweisen und Architektur des Wohnens" zu erarbeiten. Ziel war die Realisierung der prämiierten Entwürfe. Die Gesellschaft für Wohnen und Bauen in Bremen (GEWOBA) schrieb Ende 1990 den einstufigen anonymen Ideenwettbewerb „Wohnung, Wohnhaus, Wohnquartier" aus: Zur „immer wieder neu zu stellenden Aufgabe des Wohnens in der städtebaulichen Verdichtung" sollten Antworten im Rahmen der Wohnungsbauförderungsbestimmungen gefunden werden. Ein vom Bund Deutscher Architekten, dem Bundesfamilienministerium und der BHW-Zeitschrift *Wohnen im eigenen Heim* 1990/1991 veranstalteter Wettbewerb gilt der Suche von Ideen zur „kindgerechten und familienfreundlichen Wohnung".

Leitprojekt „Wohnen" der IBA Emscher Park

Die IBA Emscher Park – in ihrem Selbstverständnis „Werkstatt für die Zukunft alter Industriegebiete" – hat „Neue Wohnformen und Wohnungen" als eines von sieben „Leitprojekten" in ihr Programm aufgenommen. Alle Planungsverfahren sind auf „Entwerfen in Alternativen" und „Bewährung in der Konkurrenz" ausgerichtet; sämtliche Spielarten des Verfahrens sollen eingesetzt werden: offene und beschränkte Wettbewerbe, konkurrierende Gutachten, seminaristische Planungsverfahren usw. Unterstützt wird diese Tendenz noch durch die Wohnungsbauförderungsrichtlinien des Landes Nordrhein-Westfalen, die ohnehin „zur Steigerung der städtebaulichen Qualität" bei Projekten mit 50 und mehr Wohnungen fordern, daß Planungsalternativen in Gutachter- oder Wettbewerbsverfahren zu entwickeln sind.

Im Rahmen der IBA sollen „Siedlungen der Zukunft" entstehen, bei deren Entwurf das „Gedankengut der Arbeitersiedlungen zeitgemäß interpretiert" wird; und weiter heißt es im IBA-Memorandum: „Nicht nur der spektakuläre Einzelfall und das architektonische Experiment, sondern der durchgängig hochwertige Wohnungs- und Siedlungsbau ist das zentrale Anliegen der Emscher Park Ausstellung." Zu Beginn jedes Wettbewerbs- und Planungsprozesses werden projektbezogene Qualitätsvereinbarungen zwischen den beteiligten Institutionen (dem Auslober, der IBA Emscher Park, dem Bauträger) abgestimmt und im weiteren Projektablauf fortgeschrieben. Zu diesen Mindeststandards gehören Merkmale städtebaulicher und gestalterischer Qualität, die Verwendung von ökologischen Baumaterialien, ein hohes Maß an Nutzerbeteiligung und Offenheit für unterschiedliche und sich verändernde Wohnweisen. Die jeweiligen Projektträger übernehmen die Projektdokumentation, in der die Bau- und Planungsgeschichte des Standorts, eine Zustandsbeschreibung der Ausgangssituation und der gesamte Planungsprozeß festgehalten werden. Ganz entschieden wird auf die Beteiligung von Frauen geachtet, sowohl bei der inhaltlichen Konzeption der Projekte als auch bei den Planungs- und Umsetzungsprozessen.

1990 befanden sich neun Wettbewerbe in sechs Städten für insgesamt etwa 1.200 Neubauwohnungen im Verfahren. Entsprechend der anspruchsvollen Leitaufgabe der IBA – Rückbau von Industrialisierungsschäden in der Emscher-Region und Realisierung neuer Stadtqualitäten – weisen die Wettbewerbe in der Regel hochkomplexe Themenstellungen auf: Altlastensanierung, Flächenrecycling, Modernisierung und ergänzender Neubau in einer montangeprägten Siedlungsstruktur, Neubau von Gartenstadtsiedlungen mit Nutzung der Solarenergie, Entwicklung von Wohnmodellen, Wiederaufbau von Landschaft, Sicherung von Spuren der Industriegeschichte usw.

Ein Beispiel für diese Art von Komplexität ist der städtebauliche Realisierungswettbewerb zur Reaktivierung der innerstädtischen Zechenbrache „Prosper III" in Bottrop. Als „Schubkraft für die gesamte Stadtentwicklung" soll hier das „Prosper-Viertel" mit 400 bis 600 Wohnungen, Wohnfolge- und Gemeinschaftseinrichtungen, Gewerbehof und Einzelbetrieben entstehen. Die Gefährdung durch kontaminierte Böden soll nicht nur beseitigt, sondern auch zum Vorteil des neuen Viertels gewendet werden: Eine Versiegelung der am stärksten belasteten Zonen des Plangebiets ermöglicht die Nutzung von Regen- als Oberflächenwasser und damit die Konstruktion eines internen Wasserkreislaufs mit Gräben, Kanälen, Feuchtbiotopen und Teichen. Eine weitere Teilaufgabe betrifft den Umgang mit industriegeschichtlichen Relikten; die teilweise noch gut erhaltene Zechenmauer und die alten Torhäuser zur Schachtanlage sollen in die Neukonzeption des Areals einbezogen werden.

Ähnliche Inhalte prägen den städtebaulichen Ideen- und Realisierungswettbewerb „Küppersbusch", ein offen ausgeschriebenes, anonymes Verfahren mit Zuladung von fünf ausländischen Büros (ohne besondere Vergütung) in Gelsenkirchen. Es werden Konzepte gesucht für die Wiedernutzung des inzwischen abgeräumten Betriebsgeländes der Herd- und Küchenmöbelfabrik und der Zeche „Oberschuir". Vorgesehen ist der Bau von etwa 250 Wohnungen, von Gemeinschaftseinrichtungen, von Geschäften und Dienstleistungsbetrieben. Die aus Maßnahmen der Bodensanierung folgende Modellierung des Planungsgebiets geht hier als Vorgabe in das Verfahren ein. Wie beim Wettbewerb „Prosper III" wird nach Nutzungskonzepten für denkmalgeschützte Gebäude der ehemaligen Schachtanlage gefragt. Im Anschluß an dieses Verfahren soll ein Bauträgerwettbewerb durchgeführt werden, um die Realisierung der prämierten Entwürfe und Konzepte zu sichern.

Die ersten Erfahrungen mit den kooperativen Verfahren im Rahmen der IBA klingen positiv. Wegen der komplizierten städtebaulichen Situation lobte die Stadt Gelsenkirchen den „Wettbewerb zur Verbesserung des Wohnstandortes Schüngelberg" als beschränktes kooperatives Verfahren für sieben Architektur- und Planungsbüros aus. Vorschläge wurden erwartet für eine Erneuerung und Modernisierung einer denkmalgeschützten Zechensiedlung, die 1903 bis 1909 gebaut, aber nicht fertiggestellt wurde, für einen ergänzenden Neubau von 150 bis 200 Wohnungen unter Berücksichtigung des ursprünglichen Siedlungsgrundrisses, für die Gestaltung einer angrenzenden Bergehalde sowie die Entwicklung eines Nutzungs- und Erneuerungskonzepts für die ehemaligen Betriebsgebäude der Schachtanlage Hugo 1/4. In der ersten Verfahrensphase ging es vor allem darum, im Dialog zwischen Auslober, Preisrichtern und Teilnehmern die städtebaulichen Rahmenbedingungen zu erarbeiten. Insgesamt hat sich nach Aussagen von Beteiligten das kooperative Verfahren auf die Planungsqualität deutlich positiv ausgewirkt und die Bindung an das Wettbewerbsergebnis sowie die Chancen für eine zügige Umsetzung begünstigt. Das ebenfalls kooperative und beschränkte Wettbewerbsverfahren „Beispielhafte Lösungen zum kostensparenden Wohnungsbau in Waltrop Velsenstraße/Tinkhofstraße" ist zweistufig angelegt. Zur Teilnahme werden nach einem Bewerbungsverfahren acht „Tandems" (aus Architekt/Planer sowie Bauträger/Baubetreuer) ausgewählt. Die seminaristische erste Phase endet mit einem Zwischenkolloquium, auf dem das städtebauliche Gesamtkonzept als Grundlage für die zweite Bearbeitungsstufe festgelegt wird. Danach konkurrieren die Teilnehmer mit der detaillierten gestalterischen Ausformung von 100 bis 120 Eigentumswohneinheiten und mit konkreten Bauübernahmeangeboten um die Vergabe von Baugrundstücken in einem neu ausgewiesenen Baugebiet.

„Frauen planen Wohnungen", lautete das Thema des bundesweit für Architektinnen ausgeschriebenen Wettbewerbs, der auch von Frauen vorbereitet und entschieden wurde. Bei der Konzeption von 30 Wohnungen in Bergkamen sollte die alltagspraktische Optik stärker berücksichtigt werden. Akzente wurden demgemäß gesetzt auf räumliche Organisationsformen und Grundrißgestaltung, die der Erleichterung von Hausarbeit dienen und mehr Spielräume für Kinder, für gemeinschaftliche Nutzungen und sich verändernde Raumansprüche schaffen.

Insgesamt legt die IBA Emscher Park besonderen Wert auf die Weiterentwicklung der Verfahren. Offene Wettbewerbe sollen Vorrang vor beschränkten haben. Daneben geht es um ein breites Spektrum von „Formen der Ideenfindung und Planungsinnovation": Expertenhearings, Entwurfsseminare, Werkstattveranstaltungen, Sommerakademien und ähnliches. Vor- und Nachbereitung der Wettbewerbe werden als selbstverständliche Verfahrensbestandteile betont; Juroren sollen nach dem Votum des Preisgerichts in den anschließenden Planungs- und Bauprozeß verantwortlich einbezogen werden. Betont wird weiter die wegen der komplexen Aufgaben notwendige Interdisziplinarität von Teilnehmern und Preisrichtern und damit die Beteiligung von Fachbereichen, die üblicherweise in derartige Vorgehensweisen nicht integriert sind.

Berlin – „Hauptstadt des Wohnungsneubaus"

Die Lösung der Wohnungsfrage gilt in Berlin nicht erst seit dem Abschied des westlichen Teils der Stadt vom Inseldasein als wahlentscheidender politischer Leistungsbereich. Im Wechselbad von Regierungskoalitionen bleibt die Wohnungsversorgung quantitativ und qualitativ thematischer Dauerbrenner und zugleich politische Fußangel. Entsprechend der verschärften Wohnungsmarktsituation wurde der Neubau seit Mitte der achtziger Jahre angekurbelt, im Rahmen der Berliner IBA verstärkt gekoppelt an das Instrument Wettbewerb. Zum Jahresende 1990 stellte der Bausenator Berlin als „Hauptstadt des Wohnungsneubaus" heraus, da mit knapp 16.500 Wohnungen „so viele Wohnungen wie in keiner anderen Stadt im Bau sind".

Aus Erfahrungen mit den IBA-Wettbewerbs- und Gutachterverfahren zog die Bauverwaltung die Konsequenz, auch weiterhin für den öffentlich geförderten Wohnungsbau ein Planungs- und Projektmanagement einzurichten, das gezielt Wohnungsbauwettbewerbe veranstaltet und die Verfahren weiterentwickelt. Seit Juni 1990 gelten neue Richtlinien für den öffentlich geförderten Wohnungsbau (WFB '90), in denen neben verschiedenen Verbotsbestimmungen (Verbot der Durchführung mit Generalübernehmern, der vorzeitigen Rückzahlung öffentlicher Mittel, der Umwandlung von Miet- in Eigentumswohnungen) vor allem ein Katalog ökologischer und behindertengerechter Anforderungen aufgestellt ist. Zusätzlich zu den noch laufenden IBA-Wettbewerben wurden im westlichen Berlin 1988 sieben, 1989 zwölf und 1990 fünfzehn Wettbewerbe zum Wohnungsneubau durchgeführt, insbesondere „um den Qualitätsstandard beim Wohnungsbau zu steigern, die Ziele des ökologischen Stadtumbaus umzusetzen und die Akzeptanz der Bauvorhaben in der Öffentlichkeit zu verbessern" (Stadtbauwelt, S.573). Für 1991 sind bisher achtzehn Wettbewerbe in Vorbereitung.

Während nur einer der 1988 und 1989 veranstalteten Wettbewerbe bundesweit offen ausgelobt war, konnte dieser Anteil 1990 auf ein Drittel angehoben werden. Anliegen der Bauverwaltung ist es denn auch, das Instrument der offenen Wettbewerbe noch stärker einzusetzen, auf größere Beteiligung von Frauen hinzuwirken und Bauwettbewerbe auch für private Investitionsvorhaben durchzuführen. Insgesamt wurde 1988 bis Ende 1990 die Planung von mindestens 5.000 Wohnungen über Wettbewerbs- oder Gutachterverfahren erfaßt. Hinsichtlich der Größenordnung stehen Verfahren für kleinere Wohnungszahlen (durchschnittlich 50 bis 150 Wohneinheiten) im Vordergrund. Zwei Verfahren heben sich durch ihren Umfang davon ab, der Wettbewerb „Altglienicke" für etwa 600 Wohnungen und mehrere Verfahren zum Moabiter Werder für etwa 1.200 Wohnungen. Als erste Bilanz der inzwischen mehr als dreijährigen Erfahrung mit den vielen kleinen Verfahren kann festgehalten werden, daß das Qualitätsniveau im Wohnungsbau offenbar Schritt für Schritt und kontinuierlich schon durch das fast zur Normalität gewordene sorgfältig vorbereitete Procedere gefördert wurde.

Die deutsch-deutsche Vereinigung in Sachen Architektur und Städtebau hat in Berlin ihren spezifischen Austragungsort. Sieben der fünfzehn Wettbewerbe von 1990 fanden unter west-östlicher Beteiligung statt. Der erste nach der Wende von Magistrat und Senat gemeinsam ausgelobte Wohnungsbauwettbewerb berührt ein Thema mit sicher längerfristiger Perspektive: den korrigierenden Weiterbau eines erst teilweise realisierten Wohnkomplexes in Plattenbauweise. 1987 hatte der Magistrat der Hauptstadt der DDR zur „komplexterritorialen Aufgabenstellung" für den Wohnungsbaustandort Altglienicke im Bezirk Treptow den Bau von 16.000 Wohnungen mit den entsprechenden „gesellschaftlichen Einrichtungen" beschlossen. Mitte 1990 waren Teilgebiete fertiggestellt, einige Wohngebäude erst im Rohbau vorhanden. Im Wettbewerb sollten auf einer noch unbebauten Teilfläche mindestens 600 Wohnungen, ein Nahversorgungszentrum und „Kinderkombinationen" (Kindergarten und -krippe) entworfen werden. Im Unterschied zur ursprünglichen Bebauungskonzeption war besonderes Gewicht auf einen einfühlsamen städtebaulichen Übergang zwischen den bereits fertiggestellten Großblöcken und den angrenzenden gartenstädtischen Siedlungsstrukturen mit Bauten von Bruno Taut, Heinrich Tessenow und Hermann Muthesius zu legen. Als Konsequenz aus den drastischen Engpässen der Berliner Wohnungsversorgung nimmt Nachverdichtung fast die Form eines eigenen städtebaulichen Leitthemas an. Dieser Umstand spiegelt sich in einer Reihe von Wettbewerbsverfahren, die Aufstockungs-, oder Ergänzungsmaßnahmen im Wohnungsbestand galten. Bei den ersten Projekten wurden jedoch aufgrund unzulänglicher Beteiligungsverfahren die Planungsabsichten als autoritäre Eingriffe erlebt. Inzwischen ist die Situation dermaßen emotionalisiert, daß alle nachträglichen Verdichtungsmaßnahmen –

unabhängig vom konkreten Verfahren und unabhängig von ihrer wohnungspolitischen Notwendigkeit – auf Widerstand und Gegenwehr stoßen. Auch qualifizierte Verdichtung hat damit den Charakter einer planerischen und politischen Sisyphusarbeit angenommen. Jedenfalls wurden in Berlin mindestens drei Wettbewerbsverfahren zur Nachverdichtung vorerst zum Erliegen gebracht und die Umsetzung der Ergebnisse auf unbestimmte Zeit verschoben.

Frankfurt am Main – „lebendige Stadt" wieder an den Fluß rücken

Die Skyline der Bürotürme prägt im wesentlichen das Image der Stadt Frankfurt – auch wenn es inzwischen von Bildern der Kulturstadt (Museumsufer, Kulturschirn und Alte Oper) teilweise überlagert wird. Als Wohnort aber hat vor allem die Frankfurter Innenstadt jegliche Bedeutung verloren. Während im großen Stile Büroflächen geschaffen wurden, ist der Wohnungsbau ins Hintertreffen geraten. Hier nun sollen neue Signale gesetzt und ein neues Selbstbewußtsein entwickelt werden. Die „erlebbare Stadt wieder an den Fluß wachsen zu lassen", wird vor diesem Hintergrund als „schönste der Planungsaufgaben" proklamiert (Stadtbauwelt, S.589). Zur Qualitätssicherung und Ideenfindung werden für neun räumliche Schwerpunkte im öffentlich geförderten Wohnungsbau Wettbewerbs- und Gutachterverfahren durchgeführt – zur besonderen Motivierung von Architekten mit höherer Dotierung der Preisgelder als bei anderen Bauaufgaben üblich. Mit den Verfahren soll geklärt werden, wie insbesondere in der Innenstadt „Anschluß an traditionelle Stadtgrundrisse mit einer verdichteten [...] Nutzungs- und Mischungsform" gefunden werden kann. Dabei werden vom Wohnbund, dessen Hauptsitz mit Unterstützung der Stadt nach Frankfurt verlegt wurde, „hilfreiche Impulse" erhofft.

Wie in allen Ballungsräumen ist die Wohnungsversorgungssituation in der Stadt explosiv; fast atemlos wird nach Flächen für den Wohnungsbau gesucht. Innerstädtische Brachen müssen in Frankfurt erst geschaffen werden, zum Beispiel durch Verlegung des erst 1989 erneuerten Schlachthofs. Der städte- und wohnungsbauliche Ideenwettbewerb „Stadtviertel Alter Schlachthof" ist einer der Wettbewerbe, mit denen der Mainlauf zu einer „durchgängigen städtischen Flußlandschaft" entwickelt und ein „erster wichtiger Markstein der neuen Stadtentwicklung" gesetzt werden soll. Auf dem 12 Hektar großen Gelände sollen etwa 1.200 Wohnungen

„in stadttypischer Durchmischung mit Gewerberäumen" entstehen. Im Rahmen der ausschließlich kommunalen Förderung für etwa ein Drittel der Wohnungen können zugunsten von Größe und Nutzungsflexibilität Einsparungen bei Ausstattungs- und Ausbaustandards vorgenommen werden. Hinsichtlich der Jurierung wurde insoweit Neuland beschritten, als in zwei voneinander getrennten Preisgruppen jeweils für die städtebauliche und die wohnungsbauliche Idee Preise vergeben wurden. Dieses Verfahren wird im nachhinein von Beteiligten nicht zur Nachahmung empfohlen, da die Beurteilung der wohnungsbaulichen Aspekte zu kurz gekommen sei und ein zweistufiges Vorgehen mehr Erfolg verspräche. Bei den Spitzenpositionen für die städtebauliche Entscheidung standen sich zwei gegensätzliche, jeweils sehr klare Stadtvisionen gegenüber. Dabei wurde dem Konzept der Konfrontation von großen Baublöcken mit einer am Mainufer aufgereihten Kette von Solitären der Vorrang vor einem Entwurf gegeben, bei dem Stadtstrukturen der Jahrhundertwende mit Blöcken, Platzfolgen, Ecktürmen als Grundidee wiederaufgenommen wurden. Auch die dem Schlachthofgelände gegenüberliegende nördliche Mainseite war bereits Gegenstand eines bundesweiten städtebaulichen Ideenwettbewerbs „Neuer Wohnungsbau im Sanierungsgebiet Ostend", bei dem ebenfalls Aspekte des Städtebaus das Preisgerichtsurteil dominierten.

Die nachträgliche Verdichtung einer Fünfziger-Jahre-Siedlung mit 728 zumeist kleineren Wohnungen war Thema des auf die Teilnahme von fünf Büros beschränkten städte- und wohnungsbaulichen Ideenwettbewerbs „Stadtviertel Griesheim-Nord". Das ursprünglich anonym geplante Verfahren wurde in ein kooperatives umgewandelt. Im Wettbewerb war die Aufgabe gestellt, „im Sinne einer besseren Ausnutzung wertvollen Baulands" diejenigen Vorschläge zur Verdichtung zu erarbeiten, „die unter Beibehaltung der städtebaulichen Struktur noch vertretbar sind". Die Ergebnisse zeigen hierzu eine erhebliche Bandbreite von planerischen Positionen: Die Abrißquote reicht von 0 bis 16% des Wohnungsbestandes, die Neubauquote von 20 bis 75%. Die im Wettbewerbsprotokoll dokumentierte Haltung von Bewohnern „Hände weg von unserer Siedlung!" gibt einen Hinweis darauf, daß wohl auch hier mit Umsetzungsproblemen gerechnet werden muß.

Mehr noch als in anderen Städten wird in Frankfurt die öffentliche Diskussion über den Wohnungsbau von der Kontroverse zum Wert von Wohnhochhäusern durchzogen. In gemeinsamen Veranstaltungen des Planungsdezernats der Stadt und des Deutschen Architekturmuseums wurden Entwürfe für Wohnhäuser am Westhafen diskutiert und im Rahmen eines Workshops „Wohnen an der Stadtkante" Formen verdichteten Wohnungsbaus thematisiert. Die bisherige Position des Planungsdezernats, das Mainufer nicht mit Hochhäusern zu verbauen, wird durch ein neues Gutachten bestätigt, das von einer mehr als zwanzig Meter hohen Bebauung des Mainufers abrät.

Pluspunkte der Wettbewerbe für den Wohnungsbau

Ein erstes vorläufiges Resümee läßt erkennen, daß bei den betrachteten Wettbewerben in Frankfurt am Main, Berlin und Nordrhein-Westfalen zwar unterschiedliche Akzente gesetzt werden, sich aber gleichzeitig das Repertoire der Anforderungen an den Wohnungsbau ähnelt. Charakteristische Merkmale der IBA-Wettbewerbe in der Emscher-Region sind die spezifische Komplexität der Aufgabenstellung und das besondere Gewicht, das auf die Weiterentwicklung von Verfahrensqualitäten gelegt wird. Großstädtischer Wohnungsbau überwiegend auf Innenstadtarealen ist das Thema der Wettbewerbe in Berlin und Frankfurt. In Berlin dominiert dabei die Vielzahl von kleineren, häufig beschränkt ausgelobten Verfahren für mittlere und geringere Bauvolumina. In der relativ großen Quantität liegt bereits ein Teil der Qualität: die fast zur Normalität gewordene Sorgfalt bei der Vorbereitung und die kontinuierliche Diskussion über die Qualität von Entwurfsalternativen. Bei den in der Regel größeren und deshalb zumeist offen ausgelobten Frankfurter Wettbewerben steht die Verflechtung von Wohnen und Arbeiten im Vordergrund.

Die expliziten Ansprüche an Wohnungs- und Städtebau gleichen sich in den Ausschreibungstexten. Allerorts wird beispielhafte Qualität auch im Kostenrahmen der Förderbestimmungen angestrebt. Ein hohes architektonisches, städtebauliches, soziales und ökologisches Niveau – bisher Ausnahme – soll nun zur Regel werden. Nutzungsneutralität, Umweltverträglichkeit, Flexibilität, Unverwechselbarkeit, Innovation lauten einige Schlagwörter, mit denen versucht wird, Ziele und Aufgaben der Wettbewerbe zu beschreiben. Manches bleibt aber verschwommen oder im kompensatorischen Ansatz stecken. Da soll zum Beispiel ein „typisches Stück Stadt" entstehen; anderswo wirken die ökologischen Anforderungen wie der vorweggenommene Versuch einer Wiedergutmachung für die Bebauung an und für sich. Insgesamt aber erscheint die Bilanz positiv. Wettbewerbs- und Gutachterverfahren – offen oder beschränkt, anonym oder kooperativ, auf Ideen oder Realisierung bezogen – zwingen zum genauen Durchdenken der Aufgabe, zu (auch politischen) Klärungen im Vorfeld, erfordern präzise Vorgaben und eindeutige Zielvorstellungen. Spielräume für unkonventionelle Lösungen, Beteiligung von weniger angepaßtem Architekten- und Planernachwuchs, Anreiz zu kollektiven Lernprozessen und hin und wieder Nischen für Experimentelles sind Vorzüge, die die Verfahren bieten, die aber nicht immer genutzt werden.

Je mehr Wettbewerbs- und Gutachterverfahren gewissermaßen zum Inventar von Planungspolitik und Entscheidungsprozessen werden, desto alltäglicher wird auch ihr positiver Wirkungsgrad. Erfahrungen zeigen, daß eine Überfrachtung der Wettbewerbsaufgabe mit zu vielen Ansprüchen eher negative Folgen hat. Grundsätzliche Überlegungen verdient zum einen die Verfahrenseffektivität: Der Wunsch, möglichst viele Funktionsträger und Sachverständige zu beteiligen, steht teilweise im Gegensatz zur Arbeitsfähigkeit der Gremien. Kooperative Verfahren erscheinen dann als sinnvoll, wenn programmatische Spielräume offengehalten werden müssen, um Setzungen und Vorgaben bei besonders komplizierten Ausgangssituationen gemeinschaftlich mit vielen Projektbeteiligten zu beraten und zu entwickeln. Es ist aber sehr genau zu prüfen, ob es sich dabei letztlich nicht nur um die Verlagerung eines mühsam erscheinenden Entscheidungsprozesses in ein anderes Gremium handelt. Der wesentliche Pluspunkt der Wettbewerbsverfahren besteht darin, daß sie – welche Verfahrensspielart auch immer gewählt wird – die (fach)öffentliche Diskussion über architektonische und städtebauliche Qualität fördern und anreichern. Damit schon wird ein wichtiger Beitrag zur gestalterischen Qualifizierung des Wohnungsbaus geleistet. Innovationen für Finanzierung, Trägerkonstruktion, Verfügungsformen und soziales Management bleiben aber die notwendigen Ergänzungen.

Literatur

Wettbewerbsdokumentationen aus Berlin, Frankfurt am Main, Gelsenkirchen, Bottrop, Bergkamen, Waltrop; Informationsdienst der IBA Emscher Park; IBA-Memorandum
Arch+ H.100/101 (1989) „Service Wohnung. Grundriß nach Gebrauch"
Joachim Brech (Hrsg.), Neue Wohnformen in Europa. Berichte des vierten internationalen Wohnbund-Kongresses in Hamburg, Darmstadt 1989
Johannes Cramer und Niels Gutschow, Bauausstellungen. Eine Architekturgeschichte des 20. Jahrhunderts, Stuttgart 1984
Stadtbauwelt, H.105 (1990) „Konzepte und Projekte für den Wohnungsbau"
Eberhard Weinbrenner und Rudolf Jochem, Der Architektenwettbewerb, Wiesbaden und Berlin 1988
Der Beitrag entstand im Rahmen eines von der VW-Stiftung geförderten Projektes (Arbeitstitel: „Stadtbaukultur"), das am Deutschen Institut für Urbanistik bearbeitet wird (Projektgruppe: H. Becker, S. Knott, C. Knopf).

Peter Rumpf

Reparatur und Rekonstruktion der Stadt
Zehn Jahre IBA in Berlin

Angesichts einer Renaissance überbordender Planspiele und gigantomanischer „Stadtzeichen" scheint eine Anstrengung in Vergessenheit zu geraten, die die städtebauliche und architektonische Diskussion der achtziger Jahre in Berlin bestimmt hat: die Internationale Bauausstellung, kurz IBA genannt. An ihren Zielen und später an ihren Ergebnissen haben sich die Meinungen gerieben, sich die Geister geschieden. Wie schon öfter in der Vergangenheit fanden sich Befürworter und Bewunderer eher außerhalb Berlins; in der Stadt selbst blieben nicht von ungefähr eher die architektonischen Ausrutscher in der Erinnerung als die Grundideen, denen sich die IBA verpflichtet fühlte und nach denen sie arbeitete. Diese zu reflektieren und angesichts der viel größeren neuen Aufgaben in der wiedervereinten Stadt kritisch auf ihre Tragfähigkeit auch heute noch und für die Zukunft zu prüfen, soll Thema dieses Beitrags sein.

Der Weg

Das Unternehmen IBA startete im September 1979 unter dem Motto „Die Innenstadt als Wohnort". Aber sie wurde keineswegs aus dem Nichts geboren. Da gab es Vorläufer und vorbereitende Versuche. Zunächst die Internationale Bauausstellung 1957 im West-Berliner Hansaviertel. Dieses durch Bomben stark zerstörte Gründerzeitviertel zwischen der Straße des 17. Juni und der S-Bahn (zwischen den Bahnhöfen Tiergarten und Bellevue) und dem Großen Stern wurde dazu komplett abgetragen und nach den Maximen der Nachkriegs-Moderne als lockeres Spiel von Punkthochhäusern, Scheiben und Teppichbebauung, durchlüftet und begrünt, neu bebaut. Dazu holte sich der damalige Senat auch bekannte Gäste aus dem Ausland: Pierre Vago, Alvar Aalto, Arne Jacobsen, Oscar Niemeyer, van den Broek und Bakema, Walter Gropius. Man demonstrierte Internationalität, Fortschritt und Demokratie, und man tat dies vor allem in Richtung Osten, wo das Regime unter Walter Ulbricht in der aus Moskau importierten Stalinallee (Architekt: Hermann Henselmann) seine architektonische Identifiktion gefunden zu haben glaubte. Nahezu zwanzig Jahre lang wurde das Hansaviertel Vorzeigeobjekt für Nachkriegsarchitektur. Seiner städtebaulichen Logik folgten dann sowohl die Abriß-Sanierung, wie sie weite Teile Moabits und vor allem Kreuzberg heimgesucht hat, als auch der Bau von Trabantenstädten nach ganzheitlichen Mustern: Gropiusstadt, Märkisches Viertel, Falkenhagener Feld. Erst langsam, dann durch das Jahr des Denkmalschutzes 1975 beschleunigt, richtete sich die Aufmerksamkeit wieder auf die noch vorhandene Substanz, auf die historische Stadt.

Eine Aktion – auch als Wegbereiter für die IBA 1978 – darf nicht unterschlagen werden: Anfang 1977 erschien in der *Berliner Morgenpost* die Artikelfolge „Modelle für eine Stadt", in der sich in- und ausländische Architekten und Architurkritiker zu einzelnen Situationen in der West-Berliner Innenstadt äußerten und Vorschläge machten. Initiatoren dieser Serie waren der Publizist Wolf Jobst Siedler und der Architekt Josef Paul Kleihues. Anlaß war ein bundesoffener städtebaulicher Wettbewerb, der Ideen für das Gebiet zwischen dem südlichen Tiergartenrand und dem Landwehrkanal suchte, dem ehemaligen Diplomatenviertel. Kleihues plädierte vehement gegen eine Bebauung und für eine konsequente Freihaltung dieser kostbaren Innenstadtfläche als „eiserne Baulandreserve". Er empfahl, statt auf leerer Fläche neu zu bauen, die vom Abriß bedrohten Altbauviertel zu sanieren und freie Baulücken bzw. Blockränder zu schließen – also das, was sich schließlich im Programm der IBA, der Altbau- wie der Neubau-IBA, niederschlug.

Anfang und Leitbilder

Die organisatorische Gründung war gekennzeichnet von persönlichen Rivalitäten und konkurrierenden Ideologien. Wir wollen sie hier überspringen und damit beginnen, daß zwei Aufgabenfelder definiert werden: die Reparatur der kaputten Stadt und die Rekonstruktion der zerstörten Stadt; daß dafür zwei Gebiete umrissen wurden: Kreuzberg und die südliche Friedrichstadt; und daß diese Aufgaben zwei Personen übertragen wurden: Hardt-Waltherr Hämer und Josef Paul Kleihues. Das Thema dieses Beitrags legt es nahe, sich weniger auf die „behutsame Stadterneuerung", wie Hämer seine Arbeit vorrangig in Kreuzberg nannte, einzulassen, sondern den städtebaulichen Leitbildern nachzuspüren, die Kleihues

in seinem Planungsgebiet, dem Dreieck zwischen der Mauer im Norden, der Stresemannstraße im Westen, der Lindenstraße im Osten und dem Mehringplatz als südlicher Spitze, verfolgte.
Was waren die Leitbilder? Sie orientieren sich an dem Begriff der Rekonstruktion, die von einer den Städten innewohnenden Kraft und Hoffnung ausgeht, sich stets zu erneuern, ohne dabei die Spuren der Geschichte zu verleugnen. Rekonstruktion meint bei Kleihues aber nicht die blinde Wiederherstellung des Status quo ante, sondern die kritische Prüfung der historischen und gegenwärtigen Zustände. In seinem Beitrag „Die Anfänge der Bauausstellung" in *Idee Prozeß Ergebnis* von 1984 schreibt er u.a.: „Die Ausstellung will an die planerischen Gesetzmäßigkeiten und die konstituierenden Elemente der historischen Stadt erinnern: an den *Grundriß*, den *Aufbau* und das *Bild* der Stadt." Zum Grundriß heißt es: „Der Grundriß der Stadt ist das erste Zeugnis des künstlichen Eingriffs in Natur und Topographie. Er präjudiziert in starkem Maße das Verhältnis der natürlichen und künstlichen Bedingungen und definiert den Charakter des Ortes für Jahrhunderte." Dieser Charakter des Ortes ist es, den es für ihn zu erkennen und zu fördern gilt. Wie zerstört er war – durch Bomben und viel mehr noch durch die anti-historische Stadtplanung der sechziger Jahre – erkennt man an der flächendeckenden Aufgabe, zunächst die für die barocke südliche Friedrichstadt charakteristische Straßenführung und die Blockstruktur wiederherzustellen. Sie ist aber nur die Voraussetzung der Rekonstruktion. Bestimmt wird das Verhältnis von Körper und Raum erst duch den *Aufbau* der Stadt. „So sehr der Stadtgrundriß, der immer eine Idee der dreidimensionalen Idee der Stadt inkarniert, auch detailliert sein mag: er ist immer seiner Erfüllung in der dritten Dimension ausgesetzt." Und weiter: „Speziell im *Bild* der Stadt, in der Physiognomie ihrer Häuser, bringt die Stadt die geistigen und kulturellen Wurzeln und den Wechsel ihrer Zeiten zum Ausdruck."

Mißverständnisse

Hier geht es dem IBA-Planungsdirektor also unmittelbar um die Architektur, um die Fassade, um den persönlichen Stil des Architekten. Und hier eröffnet sich auch das große Feld der Mißverständnisse, die Josef Paul Kleihues durch seinen Eifer, Internationalität in sein Unternehmen IBA zu holen und die unterschiedlichsten „Moden" in der Südlichen Friedrichstadt niedergehen zu lassen, schließlich in die Gefahr brachte, seinen beschworenen „Charakter des Ortes" wieder aufs Spiel zu setzen. Die an sich richtige Überlegung, daß auch diese Form von Rekonstruktion eines eher strengen städtebaulichen Korsetts bedarf, damit sie auch bei der Auffüllung mit eher „schwächeren" Architektursegmenten noch als Leitidee erkennbar bleibt, beginnt dann fragwürdig zu werden, wenn sich „starke", und das heißt in diesem Fall: spektakuläre, auf Einmaligkeit zielende Architekturen hineindrängen. Die forcierte Internationalität, die sich am deutlichsten bei der Teilnehmerauswahl in Wettbewerben manifestierte, bescherte der IBA nicht wenige „Exoten", die sich in der internationalen Resonanz als Augenblicks-Sensation feiern ließen, dem Ort, an dem sie abgeladen wurden, aber eher einen dauernden Tort antun. Einer der ersten internationalen Wettbewerbe brachte genau diese Gefahren exemplarisch an den Tag. Er griff gleichsam ins Herz des IBA-Neubau-Gebietes. Zu beplanen waren die vier Straßenblöcke rund um die Kreuzung Kochstraße/Friedrichstraße. Im überregionalen Vergleich wäre die Aufgabe gar nicht so spektakulär gewesen – eben vier verschieden große Karrees mit Wohnungen und Gewerbe. Für Berlin und vor allem für das erklärte Programm der IBA im Gebiet der Südlichen Friedrichstadt war sie jedoch von Wichtigkeit, sie übernahm sogar Schlüsselfunktionen. Das hing nicht nur mit der IBA zusammen, sondern auch mit Berlins heikelstem Thema, der Mauer. Noch nie seit 1961 hatte man sich in einem Planungswettbewerb getraut, unmittelbar an diesem „Todesstreifen" zwischen den beiden Stadthälften Wohnhäuser zu errichten. Heute, wo von dieser Grenze „nur" noch ein seltsam ödes Brachland geblieben ist, mögen die Fragen und Antworten zum „Wohnen an der Mauer" wie Schnee von gestern klingen. 1981 waren sie aber hochbrisant – und zwar nicht zuletzt deshalb, weil sie im Rahmen eines Wettbewerbs auch von Ausländern gestellt und beantwortet wurden.

Der Wettbewerb war einer der IBA-typischen Mischverfahren, von denen sich Kleihues nicht nur Niveau und Internationalität erhoffte, sondern auch die architekturtheoretische Diskussion als Teil einer Planungskultur. Deshalb verzichtete das Verfahren, zu dem – pro Block – je zwei Berliner, zwei westdeutsche (eine damals gängige Bezeichnung) und zwei ausländische Architekten geladen waren, auf Anonymität. Die entwerfenden Teilnehmer stellten ihre Arbeiten selbst der Jury vor und diskutierten mit ihr und mit den „Betroffenen" darüber. Das nahm sich – aus der zeitlichen Distanz zu heute betrachtet – eher rührend als aufregend aus. Und wesentliche Erkenntnisse, die einem anonymen Verfahren verschlossen geblieben wären, sind der Jury dadurch kaum zugewachsen. Es sei denn, an den Tag gelegte Eitelkeiten oder hilflose Sprachlosigkeiten hätten den Entscheidungsprozeß mit beeinflußt.

Gefahren

Aber eine andere Gefahr trat bei diesem – trotz der großen Zahl folgender Wettbewerbe vielleicht interessantesten – Versuch, über die architektonische Zukunft Berlins nachzudenken, deutlich zutage: die Originalitätssucht, möglicherweise provoziert durch die internationale Konkurrenz (Bohigas/Martorell/Mackay, Rem Koolhaas für Block 4; Peter Eisenman, Kisho Kurokawa für Block 5; Aldo Rossi, Raimund Abraham für Block 10; Reichlin/Reinhardt für Block 11) oder die prominent besetzte Jury (Max Bächer, Vittorio Gregotti, Josef Paul Kleihues, Rob Krier, Vittorio Magnano Lampugnani, Paolo Portoghesi, Heinrich Klotz u.a.). Abgesehen von der damals nicht voraussehbaren, dann aber grundlegenden Änderung der Rahmenbedingungen, wie sie der November 1989 mit sich brachte, zeigte sich hier zum ersten Mal die Eigendynamik, die bei dieser Art, städtebauliche Lösungen für einen geschundenen Stadtteil Berlins zu finden, zu „autistischen" Inszenierungen führt, deren kurzlebiger Faszination sich eine Jury anscheinend nur schwer entziehen kann.
Wenn das, was heute, zehn Jahre nach dem Wettbewerb, auf diesen Grundstücken zu sehen ist, nur sehr entfernt mit den damals preisgekrönten und zur Realisierung empfohlenen Konzepten zu tun hat, liegt das zum einen in der praktizierten Absicht der IBA, einen städtebaulichen Entwurf eines Architekten mit Architekturen anderer Teilnehmer desselben Verfahrens auszufüllen – die Problematik dieser Flickerl-Teppiche ist schon angesprochen worden. Die andere Gefahr liegt zweifellos in der Absolutheit, mit der diese Entwürfe auftreten, ihrem Extremismus, der im Grunde nur das Alles oder Nichts zuläßt, und von der Jury damals auch als solche gefeiert wurden.
Beides, Absolutheit *und* Aufteilbarkeit, schließen sich im Grunde aus. Hierin liegt das – wenn auch mit besten Absichten verteidigte – Dilemma. Die auf eine Ganzheitlichkeit zielenden Lösungen – im Fall des angesprochenen Wettbewerbs eine martialische, kulissenhafte Bühnenarchitektur von Bohigas/Martorell/Mackay, eine archäologisierende Großplastik von Peter Eisenman, eine durch Rigorosität erschreckende Stangenarchitektur von Aldo Rossi und ein verschachteltes Grundrißpuzzle von Reichlin/Reinhardt – waren eben nicht auf Teilbarkeit hin angelegt. Sie

standen für sich, hatten wenig mit der Umgebung und noch weniger mit dem konkurrierenden Gegenüber auf der anderen Straßenseite zu tun. Im Grunde waren es Ergebnisse aus vier Wettbewerben, nicht aus einem, jeder davon mit eigenen Schwierigkeiten und eigenen Lösungen.

Block oder Straße

Die Blöcke, als städtebauliche Form, so handlich ihr Begriff für Architekten sein mag, sind in dieser Situation eher sekundär. Viel näherliegender und der erfahrbaren Realität entsprechender erscheint hier der Straßenraum zwischen den Blöcken. Es kann also nicht nur um die visuelle Verträglichkeit des Nebeneinander im geschlossenen Block gehen, sondern auch um die Korrespondenz mit dem Gegenüber. Je individueller und origineller aber die einzelnen Handschriften der einzelnen Block-Architekten ausfallen, um so problematischer wird deren Verträglichkeit untereinander über die Straße hinweg. Solange der Formenkatalog innerhalb einer – von Kleihues auch für die IBA beschworenen – allgemeinen Konvention blieb (wie z.B. im Barock und auch in der Gründerzeit), wuchsen beide Straßenseiten trotz unterschiedlicher Architekturdetails problemlos zu einem Raum zusammen. Das Verbindende – Traufhöhe, Vor- und Rücksprünge, Fassadentextur, Oberflächen – überwog das Individualistische. Heute aber, wo der zeitgenössischen Architektur die Konvention gründlich abhanden gekommen ist, wo jede Architekturrichtung ihre eigene extreme Ausformung vorantreibt – und die IBA war dafür ein guter Nährboden –, fällt das Miteinander immer schwerer.

Die Ritterstraße

Ein Beispiel dafür, nicht als Wettbewerbsprojekt, sondern damals schon als gebaute Anschauung, war im IBA-Jahr 1981 die Ritterstraße Süd. Sie steht als erstes, kollektiv bearbeitetes, städtebaulich nach einem Entwurf (Rob Krier) in die Blockrandform gebrachtes Beispiel für das, was sich in jenen Jahren der wachsenden Individualisierung und dem gleichzeitig wachsenden Unbehagen am Städtebau der sechziger und siebziger Jahre Form suchte. Je intensiver die gegenseitigen Abstimmungen der vier beteiligten Architektengruppen ausfielen – sie reichten von der Geschoßzahl, der Bauflucht und der Hausbreite über die Proportionierung der

Fassade bis zum Material und zur horizontalen Gliederung –, um so individualistischer gerieten schließlich die Einzelarchitekturen. Dafür gibt es viele Gründe; der entscheidende liegt wohl in der Unfähigkeit allzu vieler Architekten, sich unauffällig, also unaufdringlich, in eine Häuserflucht einzugliedern, eben nicht originell um jeden Preis zu sein und herauszufallen. Wo immer bei dem Projekt Ritterstraße Süd die gemeinsamen Bindungen Freiheiten zuließen, wurden extravagant genutzt. Allen voran beim Verfasser und Koordinator des Gesamtprojekts: Rob Krier. Er bestand nicht nur auf dem Mittelblock, sondern gestattete sich auch Gesten, die ihn unübersehbar vom „Fußvolk" abheben sollten. Ein Beispiel dafür, wie ein städtebaulich vernünftig handelnder Architekt bei seinem eigenen Beitrag daneben liegen kann – wie es auch umgekehrte Fälle gibt. Der Ritterstaße Süd folgte – in einem übergreifenden Entwurf bis zur Kochstraße hin – die Ritterstraße Nord. Hier konnte man von den leidigen Erfahrungen einer überbetonten Individualisierung lernen und dem gesamten Erscheinungsbild durch eine beruhigtere Einzelarchitektur zu einer viel überzeugendeneren Wirkung verhelfen. Eckausbildungen, Türmchen, Materialvielfalt, Vor- und Rücksprünge, all das wird einer disziplinierten, größerformatigen Konzeption untergeordnet, obwohl die organisatorische Konstruktion dieselbe blieb: Sechs Architektengruppen fügten sich in einen Gesamtentwurf von Rob Krier. Natürlich findet man auch hier noch all das, was dem postmodernen Formenvokabular geläufig ist: Bögen, Thermenfenster und quadratische Fenster mit Sprossenkreuz, Symmetrien, Säulen und Halbsäulen, Kulissen, kräftige Farben und sogar eine komplett nachgebaute Schinkelfassade. Aber alles ist eingebunden in ein dennoch klares städtebauliches Grundmuster – mit geraden Baufluchten, durchgehenden Traufkanten, glatten Hauswänden und ablesbaren vertikalen Zonierungen. Die „Handschriften" der einzelnen Verfasser gehen angenehm im Gesamterscheinungsbild auf. Im Vergleich mit dem Vorgänger, der Ritterstaße Süd zwei Jahre zuvor, hat deutlich sichtbar ein Lernprozeß stattgefunden.
Allein dieser Tugend wegen muß man die Bebauung zwischen der Lindenstraße, der Feilnerstraße, der Alten Jakobstraße und der Ritterstraße als gelungenen Versuch einer kollektiven Planung anerkennen. Die IBA, die bis dahin noch wenig Vorzeigbares aufweisen konnte, hat dieses Beispiel auch gern auf ihre Liste gesetzt, obwohl es im strengen Sinne nicht zu den IBA-Projekten gehört: Es ist im Dezember 1978, also vor Installierung der IBA, aus einem aufgeforderten Wettbewerb unter 14 Teilnehmern hervorgegangen. Das städtebauliche Konzept von Rob Krier ist so-

gar noch ein Jahr älter. (Es wurde wiederum einige Jahre später mit einem dritten Bauabschnitt an der Oranienstraße komplettiert.) Etwas anderes, für die Eigenansprüche der IBA ebenso Wichtiges, soll trotz aller städtebaulichen und architektonischen Betrachtungen nicht unterschlagen werden: Hier zwischen den vier Straßen in der Südlichen Friedrichstadt ist – wohl zum letzten Mal – gelungen, was eigentlich Ziel der IBA war: den Standard des Sozialen Wohnungsbaus deutlich anzuheben und experimentelle Grundrisse auf ihre Brauchbarkeit hin zu testen. Hier waren sowohl übergroße Wohnungen, ungewohnte Grundrißanordnungen als auch kollektive Wohnformen möglich, all das, was trotz aufwendiger Fassadenarchitektur später angeblich nicht mehr durchsetzbar und/oder finanzierbar war. Insofern versammelt dieses Projekt, obwohl nur bedingt ein IBA-Kind, all die Tugenden, die der IBA erklärtermaßen so am Herzen lagen und auf die sie später allzu oft zugunsten einer spektakuläreren „Ausstellungs-Architektur" und zugunsten viel berühmterer Namen verzichtet hat.

Querstehendes

Diese Tendenz zeigte sich schon 1981 beim Wettbewerb Wilhelmstraße, jenes zerfaserte Dreieck zwischen Stresemannstraße, Anhalter Straße und Wilhelmstraße. Und hier war auch mit einer weiteren Situation zu kämpfen, wie sie exemplarisch für viele Teile Berlins ist, vor allem für die stark zerstörten oder gedanken- und lieblos verbauten Grundstücke im Zentrum. Hier am Wettbewerb Wilhelmstraße wurde das Unvermögen vieler Architekten sichtbar, mit „querstehender", nicht ins Schema einer Blockrandbebauung und einheitlichen Silhouette passenden Erblast umzugehen. Das Dilemma ist offensichtlich: Entweder ich will den historisch gewachsenen Stadtgrundriß der Vorkriegszeit und den Blockrand als dessen dritte Dimension als unverzichtbar zurückgewinnen, dann muß ich ernsthaft auch den Abriß einiger, nicht ins gewünschte Schema passender Bauten aus den sechziger Jahren und den Rückbau ganzer Straßenzüge ins Auge fassen: im Fall des Wilhelmstraßen-Wettbewerbs den Abriß des „Exelsior"-Hochhauses und der Mehringplatz-Nordwand sowie die Rückführung der Wilhelm- und der Lindenstraße auf den Mehringplatz. Da aber die Vernichtung brauchbaren Wohnraums schon damals und erst recht heute nicht durchsetzbar ist, zeigen sich die Grenzen dieser Art Rekonstruktion, auch wenn man sie, wie Kleihues, „kritische Rekonstruktion" nennt, was die Berücksichtigung des Status quo meint und damit in vielen Fällen zu unbefriedigenden Kompromissen führt.

Der andere Ausweg ist keineswegs einfacher: Er fordert den Abschied von dem Gedanken, an ein Vorkriegs-Stadtbild anknüpfen zu können. Er bedeutet, ein Gebiet mit all seinen gebauten Realitäten, seinen Vorkriegs-Zähnen und Nachkriegs-Sünden als Grundlage zu akzeptieren, nicht nur als architektonisch-städtebauliche, sondern auch als intellektuelle. Das Fragment, auch wenn es noch so „häßlich" ist, wird zur Stimulanz eines Weiter-Bauens, auch eines Anders-Bauens; es ist mehr als nur optisches Glied in einer zu vervollständigenden Kette.

Überzeugende Lösungen dieses Konzeptes sind aber bisher kaum angeboten worden. Dekonstruktivistische – oder wie sie Kleihues nennt: dekompositorische –, aus dem Zerschlagen und Neu-Zusammensetzen oberflächlich-dekoratives Design gewinnende Eingriffe helfen erst recht nicht weiter. Je großspuriger, flächendeckender sie angelegt sind, um so fragwürdiger scheint ihre Seriösität. Wenn diese, sich nicht um Kontinuität bemühenden, sondern internationalen avantgardistischen Modeströmungen folgenden Rezepte überhaupt zu einer diskutablen Ernsthaftigkeit vorstoßen wollen, so ist das nicht stadtteilübergreifend, kaum Block für Block, höchstens Hausanschluß für Hausanschluß und Grundstück für Grundstück denkbar. Jeder Fall ist anders, und verbindliche Regeln lassen sich nicht aufstellen. Spätestens bei dem Gedanken an „weniger starke" Architekten, die sich auch womöglich für Peter Cook, Coop Himmelblau oder Zaha Hadid halten, wird alles noch fragwürdiger.

Was bleibt

Womit wir zur IBA und ihren Ausgangspunkt zurückgekehrt sind. Wie widersprüchlich die Forderung nach Einordnung in ein übergreifendes städtebauliches Konzept – z.B. die Rekonstruktion des Berliner Baublocks, orientiert am historisch gewachsenen Straßenraster, und die individuelle Ausfüllung mit Einzelarchitekturen im Rahmen einer Bau-„Ausstellung" mit Stars der internationalen Architekten-Szene – letztlich sein kann, ist auch dem Planungsdirektor Josef Paul Kleihues nicht verborgen geblieben. „Bezogen auf die städtebaulichen Zielsetzungen war dies [gemeint ist das Spektrum der beteiligten Architekten, A.d.V.] keineswegs unproblematisch, denn es ist ja nicht zu leugnen, daß eine getrennt von städtebaulichen Aspekten geplante Architektur und die Originalitätswut mancher Architekten die Zerstörung der Stadt geradezu gefördert haben. Uns aber ging es darum zu beweisen, daß sich die Vielfalt in der Einheit, welche das historische Bild der europäischen Stadt auszeichnet, auch heute, das heißt unter aller Respektierung moderner und zum Teil recht gegensätzlicher Ansprüche, realisieren läßt, – nicht im Sinne eines vordergründigen Harmoniebedürfnisses, sondern offen für Experimente und Widerspruch." Wenn Kleihues hier die Vielfalt in der Einheit vor Augen hat, so demonstrieren immer noch zu viele IBA-Realisationen eher die Vielfalt und weniger die Einheit. Die Gründe sind, wie schon gesagt, in der Eigendynamik dieses ganzen Unternehmens „Internationale Bauausstellung" zu sehen.

Wenn man also die Not, sich als Ausstellung verstehen und einer interessierten Öffentlichkeit präsentieren zu müssen, einmal beiseite läßt und das städtebauliche Credo allein betrachtet, was bleibt da? Ein Programm, zu dem es vernünftigerweise keine Alternative gibt. Weder die wortwörtliche Wiederherstellung eines vergangenen und mit vergangenen Inhalten gefüllten Zustands, noch der kalkulierte Bruch, die Provokation durch völlig Neues und Andersartiges können für einen größeren Stadtbereich und für eine längerfristige Strategie tragen. Aber: Überall dort, wo mit der sprichwörtlichen preußischen Sparsamkeit und einer rationalen Klarheit Stadt wiederhergestellt wurde und wo sich die „Originalitätswut" in Grenzen gehalten hat, sind Anfänge sichtbar geworden, die es weiterzuentwickeln gilt. Und auch aus den „Ausrutschern", die bei der Fülle der Versuche nicht ausbleiben können, läßt sich lernen: Sie stehen, wie im Leben, für die natürliche Abweichung von der Norm. Nur eines dürfen sie nicht sein: die Norm selbst.

Literatur

Internationale Bauausstellung Berlin 1984, Dokumente und Projekte, Die Neubaugebiete Bd. II: Erste Projekte. Bauausstellung Berlin GmbH (Hrsg.), Berlin: Quadriga 1981
Internationale Bauausstellung Berlin 1987, Dokumente und Projekte, Die Neubaugebiete Bd. I: Modelle für eine Stadt. Vittorio Magnano Lampugnani,(Hrsg.). Berlin: Siedler 1984
Bauausstellung Berlin GmbH (Hrsg.): „Ein Rundgang". Bauten, Schauplätze, Veranstaltungen. Vorwort: Georg Wittwer, Text: Felix Zwoch und Wolfgang Bachmann.
Berlin: Eigenverlag 1987
Bauausstellung Berlin GmbH (Hrsg.): IBA 84. Projekte, Veranstaltungen, Dokumentationen. Die Neubaugebiete. Berlin: Eigenverlag 1982
Bauausstellung Berlin GmbH (Hrsg.): IBA '84/'87. Projektübersicht Stadterneuerung und Stadtneubau. Berlin: Eigenverlag 1982
Bauausstellung Berlin GmbH (Hrsg.): IBA, Internationale Bauausstellung Berlin '84/'87. Projektübersicht Stadterneuerung und Stadtneubau. Berlin: Eigenverlag 1984
Bauausstellung Berlin GmbH (Hrsg.): Internationale Bauausstellung Berlin 1987. Projektübersicht Stadterneuerung und Stadtneubau. Berlin: Eigenverlag 1987
Bauausstellung Berlin GmbH (Hrsg.): Internationale Bauausstellung Berlin 1987. Exhibition Areas (engl.) Berlin: Eigenverlag 1987
Josef Paul Kleihues (Hrsg.): 750 Jahre Architektur und Städtebau in Berlin. Mit Gesprächstexten zur Internationalen Bauausstellung von Hardt-Waltherr Hämer/ Felix Zwoch und Josef Paul Kleihues/ Claus Baldus. Ausstellungskatalog. Stuttgart: Hatje 1987
Kleihues, Josef Paul und Klotz, Heinrich (Hrsg.): Internationale Bauausstellung Berlin 1987. Beispiele einer neuen Architektur. Ausstellungskatalog. Frankfurt a.M. und Stuttgart: Klett 1986 (dt.), London: Academic Editions (engl.), New York: Rizzoli (amerik.)
Senator für Bau- und Wohnungswesen (Hrsg.): Das Abenteuer der Ideen. Architektur und Philosophie seit der industriellen Revolution. Ausstellungskatalog.
Berlin: Frölich & Kaufmann 1984
Senator für Bau- und Wohnungswesen (Hrsg.): IBA-Berichtsjahr '84. Idee, Prozeß, Ergebnis. Programm der Ausstellungen, Kongresse, Symposien. Berlin 1984
Senator für Bau- und Wohnungswesen (Hrsg.): Idee, Prozeß, Ergebnis. Die Reparatur und Rekonstruktion der Stadt. Ausstellungskatalog. Berlin; Frölich 1984
Senator für Bau- und Wohnungswesen (Hrsg.): Konzeptionen für einen umweltorientierten Wohnungs- und Städtebau. Berliner Beiträge zum Bundeswettbewerb 1986-1987.
Bürger, es geht um Deine Gemeinde: Innenentwicklung unserer Städte und Gemeinden.
Berlin: Eigenverlag 1987
Senator für Bau- und Wohnungswesen (Hrsg.): Leitfaden. Projekte, Daten, Geschichte.
Berlin: Eigenverlag 1984

Klaus Selle

Planung als Vermittlung
Anmerkungen zum Vordringen intermediärer Akteure

Planning's ending? Zeichen der Veränderung

Planning's ending, so lautete 1989 die Überschrift zu einem Editorial der *Stadtbauwelt*. Ohne Fragezeichen. Also: Mit der Planung geht's zuende. Diese Feststellung bezog sich auf die Verlagerung von Entwicklungsaufgaben in den Kompetenzbereich privater Entwicklungsgesellschaften oder sogenannte Private-Public-Partnerships. Drei Jahre zuvor hatte der englische Planungswissenschaftler Peter Ambrose noch behutsam gefragt: „Whatever happened to planning"? Seine Antwort: Verändert hat sie sich in jedem Fall. Die Rahmenbedingungen – insbesondere die ökonomische Entwicklung – haben sich so sehr gewandelt, daß die Anstrengungen kommunaler, selbst regionaler Planung fast bedeutungslos würden. Entscheidend seien heute die vielfach jenseits regionaler Bindungen agierenden Unternehmen. Ohne Ironie zitiert er Planerkollegen, die angesichts der konstatierten Wirkungslosigkeit bisheriger Steuerungsbemühungen dazu raten, doch gleich in Wirtschaftsunternehmen zu gehen und dort planerische Belange durchzusetzen. Beide Kommentatoren beziehen sich – mal mit, mal ohne Fragezeichen – auf Veränderungen, für die sie ähnliche Indizien finden: Planung der traditionellen Art verliert an Gewicht. Diesem Gewichts- (oder Identitäts-)Verlust korrespondiert der Bedeutungszuwachs anderer Akteure – aus den Sphären verschiedener Märkte oder aus neu entstehenden Zwischenwelten im Spannungsfeld von Staat und Markt. Mit den Verschiebungen im Rollengefüge der Akteure einher gehen Veränderungen der Aktionsformen: „Planen" allein reicht nicht mehr aus. Es muß schon „Planungsmanagement" oder „Planungsmarketing" sein. Häufiger noch fällt die Bezeichnung, die in den siebziger Jahren Zukünfte wies, ganz unter den Tisch. An ihre Stelle treten Wörter wie Urban Management, City Marketing, Immobilienentwicklung usw. Planning's ending? Wenn nicht dies, so sind doch Veränderungen von Rollen und Handlungsformen offensichtlich.
Dies die eine Seite. Gesellschaft läßt sich aber nicht auf ein bipolares Bild

von „Staat" und „Markt" reduzieren. Die privaten Haushalte, Stadtbewohner und Bürger bringen vielmehr ihre eigenen Interessen, Normen und Handlungsformen ein. Dies kann – wie wir zuletzt 1989/1990 erleben konnten – gelegentlich staatssprengend sein.
Nicht von dieser Wucht soll hier die Rede sein, sondern von der Relativierung der traditionellen Planerrolle durch die Aktivitäten im „informellen Bereich": in den siebziger Jahren wurde die staatliche Planung von Bürgerinitiativen zum Gegner erklärt. Das nahm sie noch ernst, billigte ihr Gestaltungsmacht und Problemlösungskompetenz zu. Dies änderte sich in dem Maße wie sich der Protest zur Selbsthilfe wandelte: Drängende Probleme wurden von den Bürgern direkt angegangen, dies in einem Maße, daß schon bald die Vermutung entstand, wir seien auf dem „Weg in die Selbsthilfegesellschaft". Wenig später „entdeckte" die Wissenschaft die Haushaltsproduktion als wichtiges ökonomisches und soziales Potential. Und einige Jahre danach wurde mit der Hinwendung zu den Aufgaben des „ökologischen Umbaus" der Städte sichtbar, daß zu ihrer Bewältigung nicht nur die Akzeptanz durch die Stadtbewohner, sondern vor allem auch ihre Aktivitäten gefragt sind. Gemeinsam ist diesen Entwicklungsschritten also, daß außerhalb des für die räumliche Entwicklung „zuständigen" Systems von Verwaltungen und Professionellen sogenannte selbstaktive Felder erkannt werden. Mit der Einsicht in deren Bedeutung wuchs allerdings die Vermutung, daß kooperative Bezüge zwischen den hochkomplexen Organisationsstrukturen öffentlicher Verwaltungen und den informellen Strukturen von Haushaltsproduktion und Bürgerengagement nur schwerlich zustande kommen und in der Regel beide Seiten überfordern. Vielfach mußten und müssen daher neue Akteure diese vermittelnden Aufgaben übernehmen und bei der Entwicklung von Kooperationsverhältnissen behilflich sein. Diese „Mediatisierung" der Planung, die Übernahme von Aufgaben des Vermittelns (mediating) zwischen „Bürgern" und „Behörden" zum Zwecke kooperativer Problemlösungen kennzeichnet die zweite Bewegungsrichtung der Veränderungen, von denen hier die Rede ist.
Damit wird das Bild deutlicher: Die „alte" Planung ist in neuer Umgebung zu sehen. Ihre Rolle wird relativiert und eingeordnet in komplizierte Relationen zwischen verschiedenen Sphären (Staat/Markt/private Haushalte). Die Gestaltung, Entwicklung und Nutzung dieser Bezüge selbst sind ein wesentliches Aufgabenfeld. Unter solchen Bedingungen kann nicht mehr mit einseitig-direktiven oder autoritär-regulativen Instrumenten gehandelt werden. Problemlösungen sind vielmehr koopera-

tiv zu entwickeln. Dies wiederum überfordert vielfach die vorhandenen Akteure. Es entstehen neue Strukturen und Organisationsformen in den Zwischenwelten von Staat, Markt und Haushalten. Sie haben je nach Aufgabenschwerpunkt und Zuordnung unterschiedliche Gestalt und Arbeitsweise:
Eine Erscheinungsform solcher vermittelnder Organisationsformen finden wir dort, wo Investitionen auf neue Weise und für innovative Problemlösungen in Bewegung zu setzen und im Hinblick auf städtebauliche Maßnahmen, regionale Entwicklungen usw. zu koordinieren sind. In der Bundesrepublik sind hier – neben den bereits erwähnten teilprivaten Entwicklungsgesellschaften für Großprojekte (etwa MediaPark GmbH in Köln) – z.B. die Planungs- und Entwicklungsbüros, die die Internationalen Bauausstellungen in Berlin und im Ruhrgebiet gestalten, das Grün-Gürtel-Büro in Frankfurt und andere zu nennen.
Neue Wege der Problemlösung werden auch mit Bewohnern entwickelt. Hier geht es weniger um Investitionen als um das Aktivieren „endogener Potentiale", um das Zusammenwirken von Bewohnerengagement und lokaler Planung in den unterschiedlichsten Aufgabenbereichen, zu denen die Quartierserneuerung ebenso gehören kann wie der Siedlungsneubau. Die in diesem Bereich operierenden Organisationen sind vielfältig: z.B. die alternativen Sanierungsträger und Stadtentwicklungsgesellschaften, die Stadtteilläden und ortsnahen Beratungsstellen, die Beratungseinrichtungen für Quartiersinitiativen, Wohngruppenprojekte usw. oder die Träger-, Beratungs- und Förderungseininstitutionen für Initiativen im Grenzbereich verschiedener Politikfelder (Gesundheitsläden, stadtteilkulturelle Einrichtungen, Träger für Beschäftigungs- und Qualifizierungsprojekte usw.).
An dieser Stelle liegen Einwände verschiedener Art nahe. Zwei möchte ich nennen. Der erste: Da werden aus Mücken Elefanten gemacht. Wer die Planungspraxis kennt, weiß, daß die Veränderungen auf Randbereiche beschränkt sind. Der zweite: Das ist doch alles zu losgelöst von den konkreten Aufgaben. Wenn sich etwas ändert, dann nicht wegen irgendwelcher Probleme der Organisationsentwicklung, sondern weil konkrete Probleme dies erzwingen. Beide Einwände zielen auf einen Punkt: das Verhältnis von Aufgaben- zu Formveränderungen. Städtebau und Stadtplanung sind seit ihrer Entstehung ständigem Formwandel und häufigen Neuinterpretationen ausgesetzt. Zweifellos neigt die Disziplin auch zu erheblichem Wortgeklingel. Mit Blick auf das vorherrschende Alltagsgeschäft in Büros und Planungsbehörden sind heute in der Tat kaum solche

Veränderungen zu beobachten, die den verbalen Aufwand in der Fachliteratur rechtfertigen könnten. Die (hier skizzierten) Zeichen der Veränderung finden sich tatsächlich nur am Rande: in jenen Teilen der Praxis, in denen es – hier kommt der zweite Einwand zu seinem Recht – um die Suche nach innovativen Problemlösungen geht. Wo neue Aufgaben gelöst werden (z.b. die ökologisch orientierte „Modernisierung" einer ganzen Region) oder ungewöhnliche Problemlösungen für alte Aufgaben (z.b. kooperativer Wohnungsneubau) gefunden werden müssen, finden sich in erster Linie die neuen Handlungsformen und auch vielfach Akteure im intermediären Bereich. Gesucht werden allemal neue Lösungswege. Die spezifischen Qualitäten, Innovationen sind also nicht immer spektakulär, häufig sogar „unsichtbar". Zu finden sind sie im Prozeß und hier besonders in der Kooperation der Akteure.

Aufgaben, Aktionsformen, Akteure

In welcher Weise haben sich Aufgabenstellungen verändert, welche Orientierungspunkte lassen sich für die Suche nach Lösungswegen benennen und warum erweisen sich bisherige Aufgabenverteilungen zwischen den klassischen Akteuren als dysfunktional? In den vielfältigen Veränderungen läßt sich ein roter Faden erkennen: die Suche nach kooperativen Problemlösungen, die die Bewältigung vielschichtiger Vermittlungsaufgaben zur Voraussetzung haben. Die sich verändernde Kultur von Städtebau, Stadtplanung und lokaler Politik ist in wesentlichen Teilen geprägt durch eine neue „Kultur des Vermittelns".

Aufgaben

Es müssen – so eine aktuelle Aufgabenbeschreibung – in kurzer Zeit viele Wohnungen neu gebaut werden. Angesichts des Problemdrucks wächst die Befürchtung, es könne diese Aufgabe in alter Manier und folglich mit den Fehlern der 70er Jahre bearbeitet werden. Wird die Aufgabe Wohnungsneubau aber zu heutigen Bedingungen gestellt, ist u.a. zu berücksichtigen, daß die schon in den 70er Jahren unzeitgemäßen Wohnleitbilder endgültig obsolet sind. Die Haushaltsstruktur ist inzwischen weit vom Traditionsbild der vollständigen Zweigenerationenfamilie entfernt. Die Vielfalt anderer Haushaltstypen stellt nicht nur an Wohnungsgemenge und Wohnungsgrundrisse spezielle Anforderungen. Neu bedacht werden müssen auch soziale Infrastrukturen, Entlastungsangebote für Alleinerziehende, alte Alleinstehende usw. und neue Formen des Zusammenlebens. Adäquate Lösungen für diese Aufgabe setzen die Kooperation verschiedener Fachleute ebenso voraus wie das Eröffnen von Selbstgestaltungsspielräumen für die Bewohner: Wo immer möglich, werden Problemlösungen mit den (zukünftigen) Bewohnerinnen und Bewohnern entwickelt werden müssen. Dies wird in dem Maße leichter, wie nicht von anonymen Baugesellschaften für anonyme Nutzer auf Vorrat produziert wird, sondern die Nutzer selbst Identität erhalten. Diese „selbstnutzenden Gemeinschaften als Bauherren" (Klaus Novy) wären die Kooperanden der Fachleute.

Auch wenn sich die aktuelle Diskussion auf die Neubauaufgaben konzentriert, kann dies nicht heißen, daß die alten Aufgaben im Bestand erledigt seien. Der Handlungsbedarf für eine behutsame, sozial verträgliche Bestandsentwicklung ist vielmehr unverändert groß. Dabei geht es nicht nur um die Sicherung preiswerter Wohnungsbestände. Eine sozial wirkungsvolle Bestandspolitik muß vielmehr auf die Lebenslage der Bewohner im Quartier eingehen. Sie ist damit immer auch Gewerbebestands-, Sozial-, Kultur- und Bildungspolitik. Dies sind keine neuen Überlegungen. Viele Experimente in den achtziger Jahren haben gezeigt, daß Problemlösungen in diesem Sinne möglich sind. Dabei wurde auch deutlich, daß und wie das Handlungsinteresse der Bewohner in solche Strategien der Quartiersentwicklung integriert werden kann.

Die Aktivierung und Nutzung „endogener Potentiale" ist auch für die Auseinandersetzung mit einer vergleichsweise neuen Aufgabenstellung wesentlich: Die ökologisch orientierte Erneuerung der Städte bedarf – darauf wurde vielfach verwiesen – des Handelns der Stadtbewohner: „Der ökologische Stadtumbau wird den privaten Haushalt zumindest teilweise wieder aus diesen Versorgungsapparaten herauslösen und ihm mehr Arbeit und Verantwortung abverlangen: bei der Wartung von Sonnenkollektoren, beim Umgang mit dem Mülltrennsystem, der Instandhaltung naturbelassener Baumaterialien und bei der Pflege des Wohnumfeldes. Dazu sind Wissen, Interesse, Selbstdisziplin und Arbeit, kurz eine andere städtische Lebensweise nötig, die sich wahrscheinlich nur in aufwendigen Prozessen der Aufklärung und der Beteiligung lernen läßt."(Walter Siebel 1990)

Mit dieser Aufgabe stößt traditionelle Planung aber an ihre Grenzen: „Wir haben nicht gelernt, wie komplexe Verhaltenssysteme zu beeinflussen sind", stöhnte kürzlich ein Stadtbaurat in einer der vielen Fachdiskussionen über Möglichkeiten und Grenzen des „ökologischen Umbaus". Dabei beginnen die Unzulänglichkeiten traditioneller Handlungsmuster und Instrumente schon im angestammten Arbeitsfeld der räumlichen Planung: Die vielen Details „ökologisch verträglicher" Bau- und Siedlungsformen lassen sich nur bedingt über Planungsnormen definieren. Das liegt an der Regelungsdichte des Instrumentariums. Vereinzelt vergeben Kommunen daher bereits Siedlungsvorhaben, auf deren Umweltverträglichkeit besonderen Wert gelegt wird, an private Entwickler. Deren privatrechtliche Gestaltungsmöglichkeiten (bis hin zum Zwang für den einzelnen Bauherren, bestimmte mit ökologischem Bauen vertraute Architekten zu wählen) werden als wesentlich umfassender eingeschätzt als die der öffentlichen Verwaltungen.

Aktionsformen

Die Einsicht, daß viele Probleme einer ortsspezifischen Bearbeitung und Lösung bedürfen, hat sich inzwischen in vielen Politikbereichen durchgesetzt. Damit gewinnt das Besondere gegenüber dem Allgemeinen an Bedeutung. Das „Einlassen" auf den Ort, auf Lebenslagen und Raumsituation setzt Arbeitsweisen voraus, die (noch) nicht Routine – wenn auch schon vielfach Praxis – sind: fachlich gebündelte Entscheidungs- und Handlungskompetenz vor Ort, stabile Kooperation in den „Netzen der Nachbarschaft", Kommunikationsformen, die auf Interessen und Artikulationsgewohnheiten der Bewohner eingehen. Örtlichkeit heißt allerdings nicht: Kirchturmspolitik. Die Vermittlung örtlichen Handlungsdrucks zu Problemverursachungen auf kommunaler oder staatlicher Ebene ist eine der besonders anspruchsvollen Anforderungen dieser Arbeitsweise. Dies gilt auch für die Verbindungen des Prinzips Örtlichkeit zum „regionalen Denken" (Reiß-Schmidt/Zwoch 1990, S. 2412) – zumal dort, wo, wie im Ruhrgebiet, der einzelne „Ort" wesentlich durch regionale Charakteristika geprägt ist.
Mit der Problembearbeitung vor Ort ist eine integrative Bearbeitungsweise verbunden. Sie überwindet Schranken, die das klassische Planungsschema ist in doppelter Weise segmentieren:
„Horizontal": Viele Fachplanungen agieren nebeneinander – nach eigenen Rationalitäten, mit spezifischer Klientel und jeweils auf gesonderter Rechtsgrundlage.

„Vertikal": Der Planungsverlauf ist in klar abgegrenzte Schritte gegliedert und linear aufgebaut: Grundlagen erarbeiten, Ziele formulieren, Pläne und Konzepte erarbeiten, Projekte durchführen. Beide Arten der Grenzziehung müssen überwunden werden: Verbindungen von Sozialpolitik und Wohnungsbestandspolitik sind heute ebenso geboten wie die Verknüpfung von Instrumenten des zweiten Arbeitsmarktes mit Landschaftsbau, Städte- und Wohnungsbau. Die Bedingungen der Realisierung werden von Beginn an mitgedacht, die Träger der Investition und die (möglichen) Nutzer möglichst frühzeitig beteiligt. Konzeption und Projekt entwickeln sich gleichzeitig. Damit sind „Rückkopplungsschlaufen" möglich, aus ersten Realisierungsschritten kann für weitere gelernt werden. Damit ein solcher iterativer (Lern-)Prozeß gelingen kann, treten an die Stelle einmal fixierter Zielvorgaben dynamisch sich entwickelnde Wertorientierungen. Diese müssen immer wieder bei den vielen vorab nicht bestimmbaren konkreten Entscheidungssituationen handlungsleitend sein: Es reicht also nicht, sie schriftlich zu fixieren, sie müssen vielmehr in Qualifizierungs- und Verständigungsprozessen in den Köpfen der Beteiligten verankert werden. Betrachtet man beide „Grenzüberschreitungen" im Zusammenhang, werden komplexe Akteurskonstellationen sichtbar, die sich in vielschichtigen sozialen Prozessen entwickeln. Die Gestaltung oder Moderation solcher Entwicklungen ist ein wesentlicher Arbeitsinhalt und bestimmt die notwendigen Arbeitsformen.

Aus dem Prinzip der Örtlichkeit und dem der iterativen Entwicklung von Werten und Lösungen folgt notwendig die prinzipielle Offenheit der Prozesse. Karl Ganser – Geschäftsführer der Internationalen Bauausstellung Emscher-Park – wird mit dem Satz zitiert: „Man muß Prozesse organisieren, deren Ausgang man nicht kennt." Das Prinzip der Offenheit ist keinesfalls schmückendes Beiwerk, sondern eine zentrale Voraussetzung für die neuen Arbeitsformen: Nur so

● können endogene Potentiale oder mobilisiertes Engagement integriert werden;

● wird die Moderation nicht zur Manipulation hin auf ein vorgegebenes Ziel;

● wird die Entwicklung von Lösungen möglich.

Statt Regulation Moderation, statt Planung vom Schreibtisch aus Handeln vor Ort, statt „Planung für..." „Kooperation mit...", so ließen sich die neuen Anforderungen an die Rolle der Planer grob skizzieren. Bezogen auf die kleinteilige Arbeit vor Ort, im alltäglichen Raum der Bewohner städtischer Quartiere, hat John Friedmann (1990, S. 55) dem noch einen zusätzlichen Akzent gegeben. Gestaltung der Kooperationsprozesse heißt auch, die schwächeren Beteiligten zu ermutigen, zu aktivieren und zur Kooperation zu befähigen.

Das alles zusammengenommen ergänzt sich zum eingangs bereits erwähnten Bild der kooperativen Problemlösung als neuer Bearbeitungsform. An die Stelle technokratischer, segmentierter und monologischer Entscheidungsverläufe treten pragmatische, auf Problemzusammenhänge gerichtete dialogische Prozesse. Die Beteiligtenstruktur ist dabei äußerst komplex und erstreckt sich von der Stadtöffentlichkeit (die z.B. für bestimmte Probleme sensibilisiert werden muß) über verschiedene Fachöffentlichkeiten bis zu den Nutzungs- und Investitionsinteressierten, den Grundeigentümern usw.

Kooperation meint hierbei etwas anderes, als der traditionelle Beteiligungsbegriff bezeichnet. Mit letzterem wird unterstellt, daß inneradministrativ die zentralen Entscheidungs- und Umsetzungsprozesse stattfinden, an denen Dritte „beteiligt" werden. Bei vielen der beschriebenen Aufgaben drehen sich die Verhältnisse aber um. Entscheidendes findet weit außerhalb des politisch-administrativen Systems statt. Oder müßte dort geschehen. Handlungskompetenzen sind horizontal breit gestreut. Entsprechend weit müssen die Netze der Kooperation auseinandergezogen werden. Zusammengehalten werden die Netze einerseits vom Handlungsinteresse der Akteure, andererseits aber von einer in der Regel immensen „Vermittlungsarbeit": Es gilt, Informationen zu transportieren, Inhalte glaubwürdig zu vermitteln, Probleme sichtbar zu machen, z.T. konträre Interessen miteinander in multilaterale Verbindungen setzen, Erfahrungen wechselseitig zugänglich zu machen, verschiedene Denk- und Arbeitsweisen zu koordinieren.

(Neue) Akteure

Diese Vermittlungsarbeit wird häufig nicht von den unmittelbar Beteiligten allein getragen. Sie bedienen sich vielmehr neuer Akteure, deren zentrale Aufgabe die Moderation der beschriebenen Prozesse ist. Warum? Hier einige kurze Antworten (vgl. ausführlicher: Selle 1991):
• Die Ausrichtung auf lokale Besonderheiten, das Anschmiegen an spezielle Verhältnisse als Voraussetzung zur Mobilisierung endogener Potentiale überfordert die Reichweite kommunaler, gar staatlicher Verwal-

tungen; der Typus der „outreach-Verwaltung" (Wollmann) ist daher vielfach auf selbständige Außenstellen angewiesen.
• Die Bindungen an die Ausgabe-/Einnahmerhythmen öffentlicher Haushalte und die begrenzten rechtlichen Gestaltungsmöglichkeiten lassen vielfach den Einsatz selbständig wirtschaftender und privatrechtlich gestaltender Gesellschaften effizienter, weil flexibler erscheinen. Nur so sind die oben erwähnten Gleichzeitigkeiten von Konzeptentwicklung und Projektrealisierung ohne übergroße Reibungsverluste zu bewältigen.
• Fehlende Kommunikationsstränge zwischen den operativen Ebenen von privaten Unternehmen und den Schaltstellen öffentlicher Verwaltungen machen Vermittler, Informationsträger und „Kommunikatoren" notwendig.
• Mißtrauen, Mißverständnisse und Meinungsverschiedenheiten zwischen Bürgern und Verwaltungen blockieren kooperative Problemlösungen. Aus solchen Selbstblockaden können „unbelastete Dritte", z.b. Sanierungsträger, die das Vertrauen beider Seiten genießen, herausführen.
• Um in unüberschaubaren Fachwelten und Zuständigkeitsdschungeln handlungsfähig zu werden, benötigt Bewohner-Initiative fachlichen Rat. Nur so ist zu gewährleisten, daß die fachlich nicht geschulten Akteure in den Auseinandersetzungsprozessen der „kooperativen Problemlösung" ihre Interessen wahrzunehmen vermögen.
In vielen Äußerungen zur „neuen Städtebaukultur" finden wir Hinweise auf diese neuen Akteure, die „zwischen allen Stühlen" agieren: Allgemein ist von Projektgruppen und Entwicklungsträgern die Rede. Klaus Novy spricht plastisch von „Bypass-Institutionen" und Innovationsträgern. Je nach Argumentationszusammenhang ist auch die Rede von NGO's (non-governmental organizations), Brückeninstanzen, „unbelasteten Dritten", „Moderatoren". Als allgemeinste Bezeichnung hat sich „intermediäre Organisationen" (bzw.: intermediäre Akteure) eingebürgert. Das kennzeichnet die Stellung zwischen Staat bzw. Kommunen, privaten Haushalten und verschiedenen Märkten einerseits und konkreten Räumen bzw. Orten andererseits.

Probleme und Perspektiven

„Die Besetzung experimenteller Handlungsfelder durch neue Institutionen bietet noch keine Gewähr dafür, daß dadurch auch die Verwirklichung neuer Inhalte in nennenswertem Umfang gesichert wäre." Diese

These Volker von Tiedemanns ist uneingeschränkt konsensfähig. Nicht die Existenz intermediärer Akteure an sich bürgt für neue Qualitäten in Städtebau und lokaler Politik. Sie müssen sich vielmehr immer daran messen lassen, ob sie die jeweiligen Problemstellungen sozial gerecht, demokratisch und effizient bearbeiten.

Ihrer Funktion und Stellung nach sind die vermittelnden Instanzen - zwischen verschiedenen „Polen" angesiedelt und diese miteinander verbindend - intensiven Spannungen ausgesetzt. Das erzeugt Anpassungszwänge, Transformationen, Substanz und Leistungsverluste. Hier möchte ich nur auf zwei Vorbehalte bzw. Strukturprobleme eingehen, die die Beurteilung des Beitrags intermediärer Akteure zur Herausbildung einer „neuen Städtebaukultur" wesentlich prägen:

Im ersten Fall handelt es sich um einen Vorbehalt, der vielfach zu hören ist: Entstehen da nicht neue Bürokratien?, so die skeptische Frage. In der Tat gibt es (einige wenige) Städte in der Bundesrepublik, wo das Angebot an Beratungs- und Vermittlungsinstitutionen bereits so reichhaltig ist, daß ein Nährboden für entsprechende Vermutungen entstehen kann (Hamburg, Berlin). Betrachtet man aber die dort existierende Vielfalt näher, so ist festzustellen, daß viele der Institutionen mit ganz engen Aufgabenzuweisungen ausgestattet sind. Sie „verwalten" einzelne Programme, sind für eng umrissene Beratungsgegenstände (z.B. nur für Modernisierungsmaßnahmen) zuständig. Das aber hängt mit einem (vielleicht typischen) Verständnis der Bürokratien von diesen neuen Organisationen zusammen: Sie interpretieren sie als Außenstellen, reproduzieren damit die segmentierten Bearbeitungsweisen der Fachverwaltungen und setzen so Fragment neben Fragment. Das reibt sich in der komplexeren Praxis: Es kann dann tatsächlich geschehen, daß in einer Siedlung für verschiedene Teilaufgaben verschiedene Organisationen zuständig sind. Das Mißverständnis ist evident: nicht das in der Realität existierende Problem bestimmt die Arbeitsweise, sondern die Zufälligkeit einer Finanzierungsquelle, mit der die kooperativen Problemlösungen öffentlich subventioniert werden. Dies verweist auf das dahinterliegende Problem der Finanzierung von Beratungsleistungen, die keinen „Marktwert" haben. Es ist kein Zufall, daß die „Bürokratiefrage" kaum im Zusammenhang mit Entwicklungsprojekten gestellt wird, in denen große Investitionsmengen bewegt werden. Hier sind Kosten und Effizienz vermeintlich leichter sichtbar. Anders dort, wo Problemlösungen nicht-investiver Art entwickelt werden: Hier müssen Mittel auch für solche Aufgaben zur Verfügung stehen, die am Markt der Dienstleistungen keinen Wert haben. Damit entstehen die fatalen Abhängigkeiten von einzelnen öffentlichen Finanzierungsquellen, verbunden mit negativen Rückwirkungen auf die Organisationsentwicklung. Der Blick ins Ausland zeigt jedoch, wie dies zu vermeiden ist: Verschiedene Finanzierungsquellen müssen vor Ort bzw. in den intermediären Organisationen zusammengeführt werden können (USA). Wird dies verbunden mit einer institutionellen Sockelsubvention für die „unrentierlichen Beratungsleistungen" (Niederlande), können sich Organisationsstrukturen entwickeln, die mit problemangemessen breitem Leistungsangebot zueinander in Konkurrenz treten. Dieser Wettbewerb hält dann den Vermittlungsbereich in der notwendigen Bewegung - ohne daß der Kostendruck zum Abbau der spezifischen Kooperationsbemühungen führen muß.

Für die Praxis in der Bundesrepublik wesentlicher erscheint mir jedoch ein zweites Problem - das der Unsichtbarkeit der besonderen Qualitäten. Wurde man Anfang der achtziger Jahre durch die Blöcke Kreuzbergs geführt, in denen die ersten Schritte der behutsamen Stadterneuerung (im Rahmen der IBA Berlin) gegangen wurden, war wenig zu sehen. Erst Hinweise machten Ausbesserungen am Dach sichtbar oder die in einigen Wohnungen ausgewechselten Fenster. Und war mehr zu sehen - etwa eine Innenhofumgestaltung -, dann blieb der Hinweis nicht aus, daß das nun nicht das Wesentliche sei. Von entscheidender Bedeutung sei, daß inzwischen alle Wohnungen des Gebäudes instandgesetzt seien und daß bei den kleinteiligen Modernisierungen die Bewohnerinnen und Bewohner intensiv (z.T. auch mit Eigenarbeit) beteiligt waren. Und die aus alledem resultierenden Mieten wären tragbar für die Gesamtheit der Hausbewohner, zudem über mehrere Jahre verläßlich stabil, so daß Verdrängungen ausgeschlossen seien. Eine Normalität - stabile Wohnverhältnisse in bewohnbaren Gehäusen - als herausragende Leistung. Ganz ähnlich verhält es sich auch mit vielen Aktivitäten im ökologischen Maßnahmenbereich: Eine sinnvolle Innenhofumgestaltung fällt nur denjenigen auf, die den vorherigen Zustand kannten. Die Beseitigung von Vergiftungen im Boden, die „Renaturierung" eines Bachlaufes stellen etwas wieder her. Normalität als Leistung. Ihre Bedeutung wird erst meßbar in Kenntnis der Ausgangs- oder Umfeldbedingungen. Normalitäten lassen sich aber schlecht vorzeigen. Die Anstrengunen Vieler in vielen Jahren bleiben unsichtbar. Dieses Problem der Unsichtbarkeit stellt sich besonders für die hier mit „kooperativer Problemlösung" bezeichneten Verfahrensqualitäten. Hierzu Walter Siebel (1990, S. 11):

Um informelle Netze zu stützen, bedarf es intermediärer Organisationen vor Ort: „Menschen muß man mit Menschen helfen. Investitionen in soziale Netze sind vorwiegend Personalinvestitionen, daher teuer, aber sie sind anders als solche in die harte Infrastruktur von Verkehrssystemen, Schwimmbädern und Altenpflegeheimen nicht besichtigbar."
„Eine Demokratisierungspolitik, deren Qualitäten sich primär in Prozessen, weniger in Produkten niederschlagen, ist von ähnlich geringer Sichtbarkeit."
Das Dilemma der Unsichtbarkeit gerade erfolgreicher Vermittlungs- und Moderationsarbeit ist nicht aufzulösen. Es kann gemildert werden durch Öffentlichkeitsarbeit und öffentliche Arbeit, durch Werkstätten, Wettbewerbe, experimentelle Projekte usw. Aber vieles wird nicht präsentabel sein, und damit ist die dauerhafte Kollision der intermediären Akteure mit der Forderung, doch endlich „vorzeigbare Ergebnisse" zu produzieren, abzusehen. Die neue Städtebaukultur wird zu einem erheblichen Teil eine „unsichtbare Kultur" sein.

Dieser Beitrag geht vor allem in seinen empirischen Bestandteilen auf ein von der Volkswagen-Stiftung mitfinanziertes Forschungsprojekt zur Arbeit intermediärer Organisationen in sechs Ländern ein. In den Ergebnisberichten zu diesem Projekt werden auch einzelne Beispiele in der notwendigen Ausführlichkeit dargestellt. Neben einem zusammenfassenden Bericht (Klaus Selle, 1991) „Mit den Bewohnern die Stadt erneuern. Der Beitrag intermediärer Organisationen zur Entwicklung städtischer Quartiere. Beobachtungen aus sechs Ländern", Dortmund/Darmstadt [Dortmunder Vertrieb für Bau- und Planungsliteratur] erscheinen folgende Länderberichte:
Bd. 2: Auf dem Weg zur sozial und ökologisch orientierten Erneuerung? Der Beitrag intermediärer Organisationen zur Entwicklung städtischer Quartiere in der Bundesrepublik Deutschland. Mit Beiträgen von Joachim Boll, Rolf Froessler, Christian Kuthe, Anne Mauthe, Manuel Osorio, Marianne Sommer, Klaus Selle.
Bd.3: Reiner Staubach, Lokale Demokratie, moderne Dienstleistungen, soziale Problemlösungen. Der Beitrag intermediärer Organisationen zur Entwicklung städtischer Quartiere in den Niederlanden.
Bd. 4: Wilhelm Benfer, Rolf Froessler, Roger Karapin, Reiner Staubach u.a., Anleitung zur Selbsthilfe . Zwischen ‚community organizing' und marktnahem Service. Der Beitrag intermediärer Organisationen zur Entwicklung städtischer Quartiere in den USA.
Bd.5: Reinhold Lange, Problemlösungen mit Bewohnern – zwischen Selbsthilfe und Deregulierung. Der Beitrag intermediärer Organisationen zur Entwicklung städtischer Quartiere in Großbritannien.
Bd. 6: Stefan Rommelfanger, Bewohner beraten, Netze bilden, Organisationen entwickeln. Der Beitrag intermediärer Organisationen zur Entwicklung städtischer Quartiere in der Schweiz.
Bd. 7: Marianne Sommer, Bewohnerberatung als öffentliche Aufgabe? Der Beitrag intermediärer Organisationen zur Entwicklung städtischer Quartiere in Österreich.

Literatur

Ulrich Beck, Politik in der Risikogesellschaft, Frankfurt 1991
Joachim Brech (Hg) Konzepte zur Wohnraumerhaltung, Darmstadt 1986
Adalbert Evers, Und sie bewegt sich doch. Thesen zur Rolle sozialer Bewegungen für Urbanität und Stadtkultur, in: Walter Prigge(Hg), Die Materialität des Städtischen, Frankfurt 1987, S. 197-208
Internationale Bauausstellung EmscherPark, Positionspapier „Ökologisches Bauen", unveröff. Ms., Gelsenkirchen 1990
Karl Ganser, Public-private partnership: Reduktion des politischen Handlungsspielraums, in: Swoboda, Hannes (Hg), Wien. Identität und Stadtgestalt, Wien/Köln 1990 , S. 66-74
Hartmut Häußermann, Walter Siebel, Neue Urbanität, Frankfurt 1987
Klaus Novy, Krise der Planung – Koketterie mit „Kaos Stadt", in: Hannes Swoboda (Hg.), Wien. Identität und Stadtgestalt, Wien/Köln 1990 , S. 57-65
Manuel Osorio, Intermediäre Organisationen. Neue Trägerformen zur Vermittlung zwischen Selbsthilfegruppen und Staat im Bereich Stadterneuerung (Diss. Ms.), Universität Hamburg 1990
Stephan Reiß-Schmidt, Felix Zwoch, Befreiung von der Moderne. Wir brauchen eine Kultur des Städtebaus, in: Stadtbauwelt H. 108 (= Bauwelt 81. Jg. H. 48 v. 28. Dezember 1990), S. 2406-2412
Klaus Selle, Zwölf Thesen zu Reichweite und Voraussetzungen des Bewohnerengagements im Wohnbereich . Referat zur Tagung „ „Bewohnermitwirkung in Großsiedlungen" der Bundesforschungsanstalt für Landeskunde und Raumordnung und des Bundesministeriums für Raumordnung, Bauwesen und Städtebau am 3. und 4. Oktober 1990 in Hamburg. Veröffentlichung in Vorbereitung.
Walter Siebel, Festivalisierung der Politik und die Unsichtbarkeit der Städte.
Ms. zur Veröffentlichung vorgesehen, in: Brandt/Jüttner/Weil (Hg): Hannover 2000 – Zumutungen an eine Stadt, die Weltausstellungsstandort wird, 1990
Volker von Tiedemann, Wenn alle das Beste wollen. In: Brech (Hg), a.a.O. S. 311-328

Dietmar Steiner

Architekturtransport
Die Architektur als Veranstaltung

Der schlichte Augenschein, die Konfrontation mit der publizierten Realität ist Beweis genug: Betreten Sie heute irgendwo auf der Welt eine einschlägig ambitionierte Buchhandlung, und Sie finden sich einem unüberschaubaren Angebot von Architekturpublikationen gegenüber. Sie wühlen sich durch Stapel von Katalogen, Monographien von Architekten, teuren Bildbänden, die in der Branche als Coffeetablebooks bezeichnet werden.
Geschriebenes zur Architektur hingegen ist selten geworden im letzten Jahrzehnt. Text wird zunehmend zum Füllmaterial zwischen Hochglanzbildern im Vier- oder Sechsfarbendruck.
Das gleiche geschah auf dem Markt der Architekturzeitschriften. Die „seriösen Fachzeitschriften" sind längst nicht mehr die erste Information über neue Entwicklungen und neue Projekte. Neben ihnen wuchern die Architektur-Design-Life-style-Magazine. Auf einmal, fast aus dem Nichts, tauchen sie auf und verblüffen meist mit einem exzellenten Layout. Sie bringen Klatsch und Tratsch, Probleme auch, sind aber konsequent an der journalistisch interessanten „story" aus der Branche der Gestalter und ihrer Stars insgesamt interessiert und nur ein Haarbreit von den Kiosk-Magazinen der Einrichtungs-Lebenshilfe entfernt.
Damit ist ein publizistisches Spektrum hergestellt, in dem sich neue Architektur präsentieren kann und das sehr stark an „Stars" und „brand names" der Architektur orientiert ist. Aber auch sonst ist im letzten Jahrzehnt relativ plötzlich eine auch andere Medien erfassende Aufmerksamkeit für Architektur entstanden. Wahrscheinlich wurde Architektur niemals in der Geschichte von einer derart breiten und qualifizierten Schicht von Interessenten rezipiert. Dies ist unter anderem auch ein überzeugendes Indiz dafür, daß Architektur heute als Teil der zeitgenössischen „Kulturindustrie" verstanden werden muß. Vergleichbar erging es auch der zeitgenössischen Kunst dieser Dekade. Ein wesentliches Merkmale dieser Kulturindustrie ist der Wechsel der vorrangigen Aufmerksamkeit vom Werk zur Person des Künstlers.

Wie wurden Architekten zu Stars?

Es scheint also nötig zu sein, einen Rückblick zu wagen. Einen Rückblick in die Zeit, als die Gier nach den Bildern der Architektur begann. Ungefähr Mitte der siebziger Jahre war es jedem einigermaßen interessierten Architekturstudenten noch möglich, sich praktisch jedes Buch, jede Neuerscheinung zur Architektur zu kaufen. Krämer, König, Wasmuth in Deutschland, Krauthammer in Zürich, Triangle in London, Hoepli in Mailand – das waren die Namen der Architekturbuchhandlungen, die einem noch das Gefühl jener Vollständigkeit des Angebots vermitteln konnten, die heute fast jede Bahnhofsbuchhandlung anbieten kann.

Was also ist geschehen im letzten Jahrzehnt? Das fragt man verwundert ob der Aktualität und des Begehrens nach „Architektur" heutzutage. Und man sucht nach einem entscheidenden Bruch. Dieser war das Jahr 1980, mit der Architektur-Biennale von Venedig. Das Thema „Gegenwart der Vergangenheit" wurde damals schon von vielen als retrospektive Leistungsschau von architektonischen Positionen der siebziger Jahre empfunden. Als Ende der Diskussion der architektonischen Postmoderne konnte die Biennale von 1980 gesehen werden. Und doch war sie mehr. Die medienpolitisch unerhört erfolgreiche Inkunabel dieser Architektur-Biennale war die „strada novissima". Ausgehend von der Idee einer kollektiven Identität der Straße, wurde jedem dazu eingeladenen Architekten ein Stück Fassade, eine Koje zugewiesen, mit deren Gestaltung er sich im Konzert der Alltäglichkeit dieser Aufgabe bewähren konnte. Und jeder eingeladene Architekt nutzte diese Möglichkeit zur Inszenierung seiner Position. So konnte die legendäre „strada novissima" eigentlich nurmehr mit den Kategorien des Episodenfilms kritisiert werden. Das Thema war dasselbe, nur die Regisseure wechselten. Wichtig war nicht mehr, „was" hier in den einzelnen Abschnitten gezeigt wurde, sondern nurmehr „wer" diesen Beitrag gestaltete – eine eminent wichtige Verschiebung der Aufmerksamkeit. Vordergründig ging es um das Thema der Straße und um ein Stück Fassade entlang dieser Straße. In Wahrheit aber nutzte jeder geladene Stararchitekt (und jeder der geladen war, wurde damit zum Star) das Stück Fassade, um sich selbst, um die eigene Person im Marketing der Architektur zu positionieren.

Damit war der Damm gebrochen, die Architektur wurde zu einem Teil der internationalen Kulturindustrie. Architektur war nicht mehr, wie in den Jahrzehnten zuvor, ein Bekenntnis zu einer Haltung, zu einer Schule, einer Bewegung vielleicht. Der Begriff „Architektur" machte eine semantische Wandlung durch, und es wurde in der Folge von „Architekturen" gesprochen. Wohl um damit klarzustellen, daß jede ambitionierte Gestaltung gleichberechtigt neben einer anderen existieren konnte. Dieser Sachverhalt wurde unter dem Begriff „Postmoderne" zur Genüge abgehandelt. „Anything goes" war die Devise, Parallelität und Gleichzeitigkeit unterschiedlichster Konzepte waren möglich, und dennoch spielte die Praxis ein anderes Spiel.

Obwohl bei den Stars der „strada novissima" und der ergänzenden „Sekundärgalerie" potentiell für das Star-System nachrückender „Architekturen" eine große Spannweite geboten war, setzte sich doch in den folgenden Jahren in der internationalen Praxis die eher an der Geschichte der Architektur selbst orientierte Haltung: der Kontextualismus durch.

Eine allgemeine kulturelle Befindlichkeit drängte zum faßbaren „Bild" der Architektur, seine Dekonstruktion war noch außerhalb des Vorstellungsvermögens. Das „Bild" der Architektur versprach eine „bekleidete" massenmediale Wirksamkeit nach der „nackten" Spätmoderne. Natürlich war der Begriff „Dekonstruktivismus" beispielsweise Anfang der achtziger Jahre noch unbekannt. Doch auch ohne dieses Modewort stieß beispielsweise der Beitrag von Rem Kohlhaas' OMA damals weitgehend ins Leere. Sein „metropolitaner Ansatz" begann erst Mitte der achtziger Jahre wirksam zu werden. Es gab Anfang der achtziger Jahre eine Sehnsucht danach, daß es der avancierten Architektur gelingen möge, eine allgemeinverständliche Verbindung mit alltagskulturellen Codes einzugehen. Der Architektur wurde versprochen, daß sie Massenmedium werden könnte. Verbunden mit den lokalen Codes, von allen verstanden, als neue Prächtigkeit für jeden Zweck adaptierbar und akzeptiert, nicht unähnlich der ebenso prächtigen und heftigen neuen Malerei dieser Zeit. Es ist kein Zufall, daß Heinrich Klotz als Kunsthistoriker dieser Malerei ebenso wie der postmodernen Architektur als Vorreiter und Vorkämpfer diente.

Das Star-System

Anfang der achtziger Jahre installierte sich ein Star-System der „bedeutenden Architekten". Das erste Abbild dieses Star-Systems war die IBA in Berlin, womit auch die achtziger Jahre ihr dreidimensional und realistisch gebautes, repräsentatives Architekturmuseum bekamen. In den folgenden Jahren fand ein struktureller Prozeß der Vervielfältigung der „Star-Architektur" statt, der die einzelnen Projekte und Bauten immer

mehr nivellierte. Die Stars wurden wie Opernsänger weltweit engagiert, als Mitglieder von Juries, als Berater von Bauherren und Kommunen, was dann wiederum die Beauftragung anderer Stars zur Folge hatte. Das postmoderne Jet-Set sprach von „Qualität" und bescherte letztlich „Signaturen" ihrer Mitglieder.
Tatsächlich war die jeweils gebotene Qualität des Stars in der jeweiligen Konkurrenz den anderen Mitbewerbern meist überlegen. Die Frage dabei ist aber, ob diese virtuosen „Signaturen" der Aufgabe auch jeweils angemessen waren und nach welchen Kriterien die „Programme" dieser Aufgaben entwickelt und beurteilt wurden. Um es respektlos auszudrücken, handelte es sich um „autistische Architekturen", die eine zwar gründliche, aber sehr individuelle Lektüre des jeweiligen Ortes boten, um in ihrer formalen Ausprägung immer auf die Signatur ihres Schöpfers zu verweisen. So können sie als umgekehrte Souvenirs gelesen werden, die ein Reisender nicht mitnimmt, sondern hinterläßt.
Eine Vielzahl von Architektur-Workshops, Sommerseminaren, eigenen Architekturpreisen war die notwendige mediale Randerscheinung des „Star-Systems". Diese Aufmerksamkeit für Architektur hat sich auch auf lokale Ebenen verlagert. Jede Menge internationaler Architekturpreise wird jährlich an Architekten verliehen. Die regionale Politik schmückt sich mit einem neuem Architekturbewußtsein, ohne tatsächliche strukturelle Veränderungen des alltäglichen örtlichen Baugeschehens zu veranlassen. Internationale Preise („Pritzker", „Reynolds", oder jüngst der „Mies-van-der-Rohe-Preis" der EG) dienen einzig und allein der internen Systemerhaltung einer geschlossenen Gesellschaft. Letzterer offenbarte besonders deutlich die Struktur des Systems. Norman Foster war der Gewinner des „Mies-van-der-Rohe-Preises" 1990, obwohl dieser laut Statuten nur für fertiggestellte Bauwerke vergeben werden kann. Foster wurde der Preis für den Stansted-Airport verliehen, der zu diesem Zeitpunkt noch nicht fertig war. Fand sich kein anderes preiswürdiges Werk zu dieser Zeit in Europa? Oder war nur keines darunter, das dem „Star"-System dienlich war? Wie kritisierte doch Jury-Mitglied Hans Hollein, Frank Lloyd Wright zitierend, so treffend Kritiken seines Haas-Hauses in Wien, die knapp vor der offiziellen Eröffnung erschienen: „Only fools choose unfinished buildings."
Endlich, so könnte man meinen, ist die Architektur eine anerkannte Disziplin der Kulturindustrie geworden. Sie hat nun ebenfalls ihre jurierten Auszeichnungen von Stars, wie die Unterhaltungsindustrie ihre Oscars und Grammies, die Literatur- und Kunstindustrie ihre Stiftungen, Sti-

pendien, Geldpreise. Der Wert der bildenden Kunst bemißt sich tatsächlich an den Auktionspreisen, der Rang der Literatur an den Verkaufsauflagen.

„Think global, act local!"

Dieser Satz des Chefs der Sony-Corporation unterstreicht die Philosophie weltweit agierender Unternehmen, ist aber auch auf die Architektur anwendbar. Da ist jene Postmoderne, die auszog mit der Botschaft der Allgemeinverständlichkeit, die explizit mit den lokalen Codes einen begründbaren Zusammenhang eingehen wollte. Diese Postmoderne war letztlich dann überall auf der Welt gleich. Erkennbar war eben nurmehr die „Signatur" des jeweiligen Meisters. Wie bei den „Block-busters" Hollywoods bestand ihre lokale Färbung in der Synchronisation der Wörter und Sätze, die sich bei der Architektur in den oft von örtlichen Technologien abhängigen Details und Materialien manifestiert.
Frank Gehrys Vitra-Museum in Weil am Rhein ist durch deutsche Gründlichkeit der Detailbearbeitung zu einer gänzlich anderen Architektur mutiert als jene in Kalifornien alltägliche Architektur, die Gehrys mißverstandenen Ruhm begründete.
Kein neuer „international style" ist so entstanden. Es sind nur die internationalen Marketing-Strategien einzelner Architekten nachvollziehbar geworden. Sie blieben ohne Auswirkungen auf die lokalen architektonischen Kulturen, – ob in Berlin, in Turin, in Fukuoka oder Weil am Rhein. Das örtliche „Lernen von Stars" wäre augenblicklich als schlechte Fälschung des Originals verstanden worden. Beispielsweise kann ein Bankgebäude von Mario Botta in Buenos Aires möglicherweise als „Bank à la Botta" gesehen werden und stellt sich dann doch als Original des Meisters heraus.
So erfolgreich auch das architektonische „Star-System" die achtziger Jahre absolvierte – ein bitterer Nachgeschmack der schlechten Komödie bleibt doch am Gaumen haften. Die internationale Souvenir-Industrie architektonischer „gimmicks" blieb nur ein mehr oder weniger hübsches Ornament des allgemeinen Baugeschehens. Die angekündigte Sensation ist längst keine mehr. Die News der „Life-Style"-Medien über weitere Star-Projekte sind heute nur mehr Meldungen, die über den momentanen Marktwert des „Stars" Auskunft geben. Es mag sein, daß momentan (1991) Libeskind, Gehry oder Coop Himmelblau mehr gefragt sind als

Krier, Rossi oder Grassi. Vollbeschäftigt sind trotzdem Ungers und Calatrava auch, und weder Isozaki noch Gregotti können über mangelnde internationale Nachfrage klagen.

Interessant an dieser Tatsache ist vor allem, daß sich mit dem weltweiten Aktionsraum dieser Architekten keine eindeutige „kolonialistische Architektur" (Barock, Klassizismus) in der Welt verbreitete, kein Stil durchsetzte, sondern einzelne Signaturen weltweit verbreitet werden.

Kommunen und individuelle Bauherren finden sich so wieder in der Rolle des Sammlers, der das „Bild" des berühmten Architekten am Ort vertreten sehen möchte. Es fragt sich heute nur, wann die dazugehörenden Fälschungen auftauchen werden, wann sich die Star-Architekten gegen allzu clevere Apologeten wehren werden müssen. Denn wer sich einmal in die Verwertungsgesetze der Kulturindustrie begeben hat, ist vor deren Geschäftstüchtigkeit nicht mehr gefeit.

Die Geschichte hat immer recht – nur wann?

Wie jede andere kulturelle Disziplin auch, lebte die Architektur der Moderne vom Mythos des historistischen Begriffs des „Genies", das in seiner Zeit verkannt und verfolgt war und dem erst durch die Nachwelt und die Geschichte Anerkennung zuteil würde. Dieser Mythos ist eine Chimäre. Kaum jemals in der Geschichte der Neuzeit wurde ein verkanntes Genie entdeckt, das nicht in seiner Zeit schon zur Kenntnis genommen worden wäre. Für die Architektur war sicherlich Vasari der erste medienpolitisch erfolgreiche Marketing-Manager. Und die folgenden Epochen der Architekturgeschichte bewiesen, daß es nur die Wellen der zeitgenössischen Aufmerksamkeit waren, die immer wieder neue Architekturen der Vergangenheit ans Licht der öffentlichen Diskussion und Rezeption brachten. Dieser Grundregel folgte auch die Moderne. In der Otto-Wagner-Schule wurde beispielsweise die bei Wasmuth verlegte Frank Lloyd Wright-Mappe heftig diskutiert, Adolf Loos stand im Briefkontakt mit Louis Sullivan, Le Corbusier kannte sehr genau die Arbeiten von Josef Hoffmann. Und dem Briefwechsel zwischen Gropius und El Lissitzky können wir entnehmen, daß damals eindeutige Strategien verfolgt wurden, um diese Leistungen – die von WChUTEMAS und Bauhaus – auch international gemeinsam zu positionieren.

Das System der Stars hat also eine lange Tradition. Seit der Renaissance haben die jeweils führenden Architekten immer in einem gesellschaftlichen Kontext agiert, der gemeinhin mit „Kulturpolitik" bezeichnet werden kann. Unerträglich sind dabei nur die Mythen, die immer wieder von unterdrückten und verfolgten Avantgarden erzählen. Sie dienen der Aufrechterhaltung der Exklusivität von Architektur, sie nähren die Expertenkultur, sie fördern die Aura des Genies. Neu am internationalen Netzwerk der Expertenkultur der Architektur ist die Verbindbarkeit eigentlich unvereinbarer Standpunkte. Es macht den einzelnen Stars nichts aus, mit anderen für ein Projekt nominiert zu werden, wenn sie nur ebenfalls denselben Status haben. Man schätzt sich eben doch gegenseitig als „Künstler". Da nehmen Foster und Krier am selben Gutachterverfahren (Paris) teil, da verbündet sich Hans Hollein mit Coop Himmelblau sogar zu einem einzigen gemeinsamen Projekt (Expo Wien). Architektonische Fragen einer grundsätzlichen Haltung zum Problem werden so nicht mehr diskutiert, man will ja schließlich nur einer nicht näher definierten „Qualität" zum Durchbruch verhelfen. Gegen wen, das ist die Frage, schottet sich das System dabei eigentlich ab? Gegen die nächste Generation potentieller Stars? Gegen die mögliche Mittelmässigkeit von für die jeweilige Aufgabe eigentlich angemessenen Lösungen? Gegen die Überraschung, für die es auf einmal keine Kriterien mehr gibt? Obwohl das System derzeit als selbstreflexive Geschichtsschreibung so erfolgreich ist, muß dennoch die Frage erlaubt sein, wohin unter den heutigen kulturindustriellen Bedingungen diese Konstellation führt? Werden in Zukunft Architektur- und Designagenturen für eine optimale Plazierung der Werke der Meister sorgen? Wird somit Architektur endgültig zur handelbaren Ware, die dem jeweiligen Marketingbedürfnis zu entsprechen hat?

Die Zukunft der Architekturpolitik

Es wird sicherlich keine Rückkehr geben. Keine Rückkehr zur Sache, zum „Werk", zur objektiven Bewertung anonymer oder bekannter architektonischer Leistungen, ganz einfach weil es dafür unter kulturindustriellen Bedingungen keine allgemeinverbindlichen Kriterien gibt. Zu sehr sind die Rezeption von Architektur und ihre gesellschaftliche „Verwendung" bereits heute in stilistisch benennbare Teilmärkte aufgesplittet. Radikal verändern wird sich die Produktion von Architektur selbst. Sie hat sich schon internationalisiert, und sie wird sich weiter internationalisieren. Wenn weltweit nur die Signatur des Stars gefragt ist, wird sich die-

ser nicht mit den örtlich jeweils verschiedenen Bedingungen der Produktion des Baus selbst beschäftigen können.
Die Star-Architekten werden überall als „design consultants" beschäftigt sein, verantwortlich für die Erscheinung des Gebäudes. Das durchgearbeitete „Gesamtkunstwerk" Architektur, wird nurmehr als ornamentaler Sonderfall anzutreffen sein. Wie jedes kulturindustrielle System, wird auch das der Architektur expandieren. Immer neuen Stars werden Freiräume für ornamentale Signaturen zugestanden werden. Diese Signaturen werden aber im „weißen Rauschen" aller Stars dieser Welt verschwinden. Sie werden zunehmend weniger in der Lage sein, die allgemeinen Probleme zu erkennen, geschweige denn zu lösen.
Ich habe einmal die mögliche Alternative zur besinnungslosen Eingliederung in das kulturindustrielle mediale Gewitter als eine radikale Aufspaltung der Architektur in das „Heilige" und das „Normale" bezeichnet. Das würde die Produktion von Architektur aus ihrem komischen Zwitterstatus befreien, normale Aufgaben mit heiligen Hüllen zu dekorieren. Die „heilige Architektur" ist dabei besonderen Aufgaben und Auftraggeber-Konstellationen vorbehalten. Die heilige Architektur ist klein und fragmentarisch, intim und einzigartig. Sie erlaubt der klassischen Disziplin den Diskurs über ihr eigenes Denken. Sie kann nur mit den Kategorien des allgemeinen Kunstmarkts diskutiert und kritisiert werden. Sie verweigert sich anonymen Auftraggebern und anonymen, allgemeinen Aufgaben. Sie ist auch territorial gebunden, einzigartig und unwiederholbar. Ihren internen Maßstab findet sie bei der entgrenzten bildenden Kunst, bei deren Installationen, bei den neuen privaten „Kunstgärten" und den neuen Refugien bildender Künstler. Diese Architektur muß sich daran messen, was beispielsweise Donald Judd rein und klar und konsequent als Architektur eines Künstlers im texanischen Marfa realisiert. Dagegen steht die enorme Herausforderung der „normalen Architektur": der Wohnungsbau, der von Bofill dekoriert wird, die Banken, die von Botta mit Streifendesign nobilitiert werden, die Hotels, die von Graves oder Rossi zu momentan einzigartigen medial-spektakulären Orten gestaltet werden, und all die touristensaugenden Star-Museen des letzten Jahrzehnts, die allesamt werbewirksam die Hülle über den tatsächlichen Inhalt der gebotenen Kunst gestellt haben. Das vielgerühmte Frankfurter Museumsufer ist deshalb mehr eine Revue heute möglicher avancierter Architektur, als daß es den jeweils gebotenen Inhalten dienlich wäre.
Für alle diese „normalen Aufgaben", ausgezeichnet durch das Problem der „großen Zahl", werden sich bald industriell kalkulierende Design-

Firmen finden, welche die Attraktivität noch weiter steigern können. Hier wird bald jede „Star"-Lösung an ihren internen Geschmacksgrenzen scheitern. Die Rettung der „Architektur" für diese Normalität kann nur durch eine interdisziplinäre Mitwirkung bei einer umfassenden Unternehmenskultur erfolgen. Hier ist der Architekt als Spieler gefragt, der mehrere (Gestalt-)Sprachen spricht, der ein gesamtkulturelles Know-How, in ein komplexes Entwicklungsprogramm eines Produkts einbringt. Ein Produkt, das vielleicht ein Gebäude sein mag, das aber insgesamt ein Zeichensystem strukturiert.

Die Architektur ist dabei herausgefordert, eine neue Form der Dienstleistung, der Kompetenz auch, anbieten zu können. Ziemlich sicher ist dafür das kultursoziologische Studium der abhängigen Rolle der Architekten oder Baumeister im Barock und im Mittelalter wichtiger, als sich der Tradition der Moderne zu verschreiben, deren Geniekult sich zum heutigen Star-System entwickelte und dabei im zeitgenössischen kulturindustriellen Verwertungsdruck explodierte.

Selbst den fixen Marketing-Managern, die „Architektur" heute als medialen Investitionsanreiz sehen, wird es bald dämmern, daß damit nur neue Probleme geschaffen und keine gelöst werden. Es gibt nämlich den bisher unterschätzten, aber immer noch wirksamen grundsätzlichen Unterschied von Kunst und Kulturindustrie. Das trifft genauso die Architektur und ist die schlichte Tatsache der Funktion und der Benutzbarkeit. Man kann nämlich nicht in einem Haus wohnen, das alle nur bewundern wollen, man kann nicht kaufen in einem Haus, das alle nur besichtigen wollen, man kann nicht Kunst zeigen in einem Haus, bei welchem allein die Hülle heilig ist. Architektur kann von ihrer dienenden Funktion nicht befreit werden.

Bauwelt Fundamente

1 Ulrich Conrads (Hrsg.), Programme und Manifeste zur Architektur des 20. Jahrhunderts
2 Le Corbusier, 1922 – Ausblick auf eine Architektur
3 Werner Hegemann, 1930 – Das steinerne Berlin
4 Jane Jacobs, Tod und Leben großer amerikanischer Städte*
5 Sherman Paul, Louis H. Sullivan*
6 L. Hilberseimer, Entfaltung einer Planungsidee*
7 H. L. C. Jaffé, De Stijl 1917–1931*
8 Bruno Taut, Frühlicht 1920–1922*
9 Jürgen Pahl, Die Stadt im Aufbruch der perspektivischen Welt*
10 Adolf Behne, 1923 – Der moderne Zweckbau*
11 Julius Posener, Anfänge des Funktionalismus*
12 Le Corbusier, 1929 – Feststellungen
13 Hermann Mattern, Gras darf nicht mehr wachsen*
14 El Lissitzky, 1929 – Rußland: Architektur für eine Weltrevolution
15 Christian Norberg-Schulz, Logik der Baukunst
16 Kevin Lynch, Das Bild der Stadt
17 Günter Günschel, Große Konstrukteure 1*
18 nicht erschienen
19 Anna Teut, Architektur im Dritten Reich 1933–1945*
20 Erich Schild, Zwischen Glaspalast und Palais des Illusions
21 Ebenezer Howard, Gartenstädte von morgen*
22 Cornelius Gurlitt, Zur Befreiung der Baukunst*
23 James M. Fitch, Vier Jahrhunderte Bauen in USA*
24 Felix Schwarz und Frank Gloor (Hrsg.), „Die Form" – Stimme des Deutschen Werkbundes 1925–1934
25 Frank Lloyd Wright, Humane Architektur*
26 Herbert J. Gans, Die Levittowner. Soziographie einer »Schlafstadt«*
27 Günter Hillmann (Hrsg.), Engels: Über die Umwelt der arbeitenden Klasse*
28 Philippe Boudon, Die Siedlung Pessac – 40 Jahre*
29 Leonardo Benevolo, Die sozialen Ursprünge des modernen Städtebaus*
30 Erving Goffman, Verhalten in sozialen Strukturen*
31 John V. Lindsay, Städte brauchen mehr als Geld*

32 Mechthild Schumpp, Stadtbau-Utopien und Gesellschaft*
33 Renato De Fusco, Architektur als Massenmedium*
34 Gerhard Fehl, Mark Fester und Nikolaus Kuhnert (Hrsg.), Planung und Information*
35 David V. Canter (Hrsg.), Architekturpsychologie
36 John K. Friend und W. Neil Jessop (Hrsg.), Entscheidungsstrategie in Stadtplanung und Verwaltung
37 Josef Esser, Frieder Naschold und Werner Väth (Hrsg.), Gesellschaftsplanung in kapitalistischen und sozialistischen Systemen*
38 Rolf-Richard Grauhan (Hrsg.), Großstadt-Politik*
39 Alexander Tzonis, Das verbaute Leben
40 Bernd Hamm, Betrifft: Nachbarschaft
41 Aldo Rossi, Die Architektur der Stadt*
42 Alexander Schwab, Das Buch vom Bauen
43 Michael Trieb, Stadtgestaltung*
44 Martina Schneider (Hrsg.), Information über Gestalt
45 Jörn Barnbrock, Materialien zur Ökonomie der Stadtplanung*
46 Gerd Albers, Entwicklungslinien im Städtebau*
47 Werner Durth, Die Inszenierung der Alltagswelt
48 Thilo Hilpert, Die Funktionelle Stadt*
49 Fritz Schumacher (Hrsg.), Lesebuch für Baumeister*
50 Robert Venturi, Komplexität und Widerspruch in der Architektur
51 Rudolf Schwarz, Wegweisung der Technik und andere Schriften zum Neuen Bauen 1926–1961
52 Gerald R. Blomeyer und Barbara Tietze, In Opposition zur Moderne*
53 Robert Venturi, Denise Scott Brown und Steven Izenour, Lernen von Las Vegas
54/55 Julius Posener, Aufsätze und Vorträge 1931–1980
56 Thilo Hilpert (Hrsg.), Le Corbusiers „Charta von Athen". Texte und Dokumente. Kritische Neuausgabe
57 Max Onsell, Ausdruck und Wirklichkeit
58 Heinz Quitzsch, Gottfried Semper – Praktische Ästhetik und politischer Kampf
59 Gert Kähler, Architektur als Symbolverfall
60 Bernard Stoloff, Die Affaire Ledoux
61 Heinrich Tessenow, Geschriebenes
62 Giorgio Piccinato, Die Entstehung des Städtebaus
63 John Summerson, Die klassische Sprache der Architektur*
64 F. Fischer, L. Fromm, R. Gruber, G. Kähler und K.-D. Weiß, Abschied von der Postmoderne
65 William Hubbard, Architektur und Konvention

66 Philippe Panerai, Jean Castex und Jean-Charles Depaule, Vom Block zur Zeile

67 Gilles Barbey, WohnHaft

68 Christoph Hackelsberger, Plädoyer für eine Befreiung des Wohnens aus den Zwängen sinnloser Perfektion

69 Giulio Carlo Argan, Gropius und das Bauhaus*

70 Henry-Russell Hitchcock und Philip Johnson, Der Internationale Stil – 1932

71 Lars Lerup, Das Unfertige bauen

72 Alexander Tzonis und Liane Lefaivre, Das Klassische in der Architektur

73 Elisabeth Blum, Le Corbusiers Wege

74 Walter Schönwandt, Denkfallen beim Planen

75 Robert Seitz und Heinz Zucker (Hrsg.), Um uns die Stadt

76 Walter Ehlers, Gernot Feldhusen und Carl Steckeweh (Hrsg.), CAD: Architektur automatisch?

77 Jan Turnovský, Die Poetik eines Mauervorsprungs

78 Dieter Hoffmann-Axthelm, Wie kommt die Geschichte ins Entwerfen?

79 Christoph Hackelsberger, Beton: Stein der Weisen?

80 Georg Dehio und Alois Riegl, Konservieren, nicht restaurieren, Herausgegeben von Marion Wohlleben und Georg Mörsch

81 Stefan Polónyi, ... mit zaghafter Konsequenz

82 Klaus Jan Philipp (Hrsg.), Revolutionsarchitektur

83 Christoph Feldtkeller, Der architektonische Raum: eine Fiktion

84 Wilhelm Kücker, Die verlorene Unschuld der Architektur

85 Ueli Pfammatter, Moderne und Macht

86 Christian Kühn, Das Schöne, das Wahre und das Richtige

87 Georges Teyssot, Die Krankheit des Domizils

88 Leopold Ziegler, Florentinische Introduktion

89 Reyner Banham, Theorie und Gestaltung im Ersten Maschinenzeitalter

90 Gert Kähler (Hrsg.), Dekonstruktion? Dekonstruktivismus?

91 Christoph Hackelsberger, Hundert Jahre deutsche Wohnmisere – und kein Ende?

92 Adolf Max Vogt, Russische und französische Revolutionsarchitektur 1917 · 1789

93 Klaus Novy und Felix Zwoch (Hrsg.), Nachdenken über Städtebau

94 Mensch und Raum. Das Darmstädter Gespräch 1951 (in Vorbereitung)

95 Andreas Schätzke, Im Inhalt: sozialistisch, der Form nach: national (in Vorbereitung)

---

*vergriffen

Christoph Hackelsberger

**Hundert Jahre
deutsche Wohnmisere –
und kein Ende?**

Baupolitik/Wohnungsbau

Band 91 der Bauwelt Fundamente.
214 Seiten mit 49 Abbildungen

ARCHITEKTUR ■ BEI VIEWEG

48 mal im Jahr Architektur. Vier Hefte Stadtbauwelt. Bezugsbedingungen, Probehefte, Bestellungen an Bertelsmann Fachzeitschriften GmbH, Abt. VF 1V, Postfach 66 66, 4830 Gütersloh 100

Bei Fragen zur Produktsicherheit wenden Sie sich bitte an:
If you have any questions regarding product safety,
please contact:

Birkhäuser Verlag GmbH
Im Westfeld 8
4055 Basel, Schweiz
productsafety@degruyterbrill.com